D1983431

TDK
404
kaffee HAG

ZDF SPORTJAHR 87

Rekorde · Siege · Schicksale · Ergebnisse · Termine 88

FALKEN VERLAG

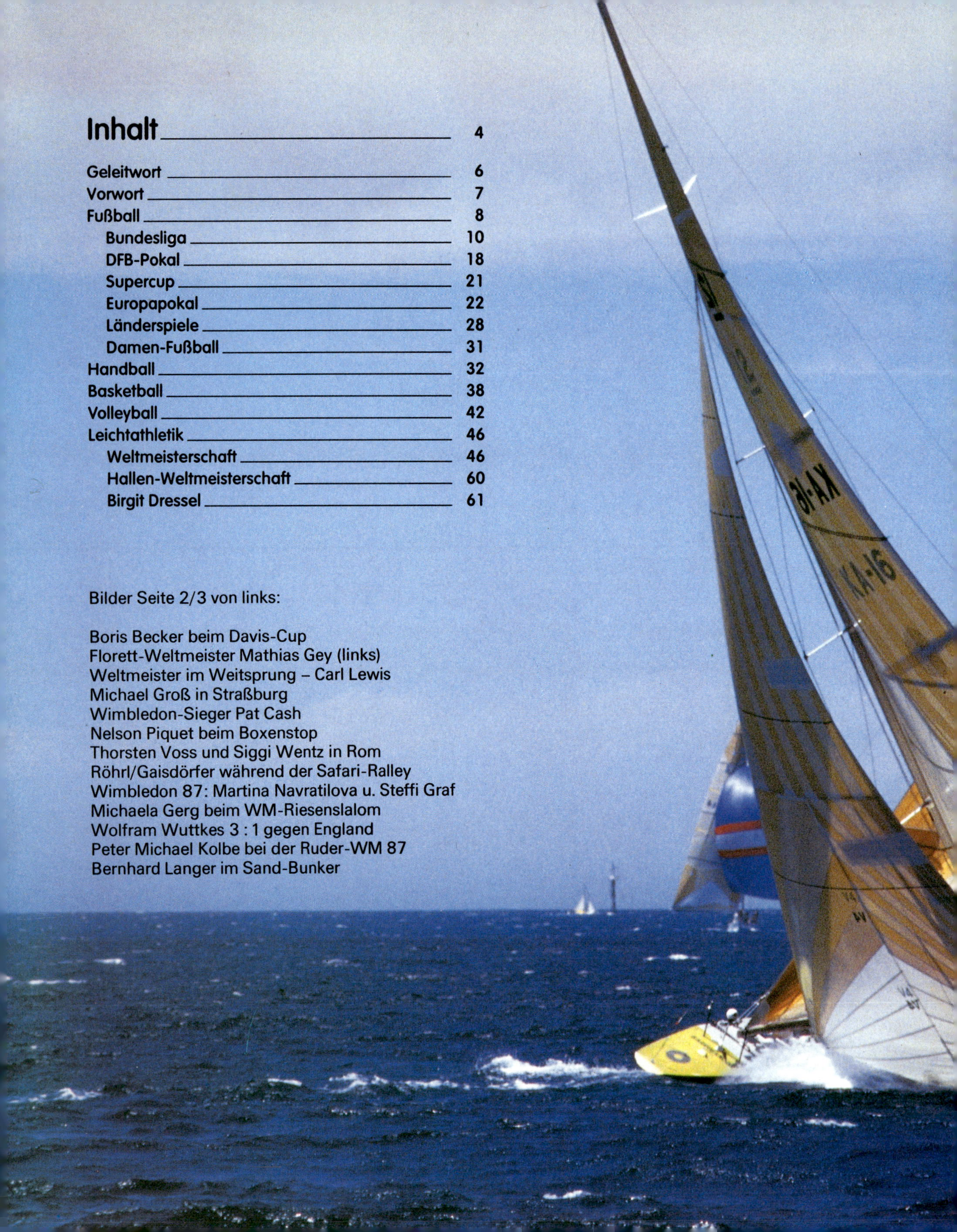

Inhalt

Bilder Seite 2/3 von links:

Boris Becker beim Davis-Cup
Florett-Weltmeister Mathias Gey (links)
Weltmeister im Weitsprung – Carl Lewis
Michael Groß in Straßburg
Wimbledon-Sieger Pat Cash
Nelson Piquet beim Boxenstop
Thorsten Voss und Siggi Wentz in Rom
Röhrl/Gaisdörfer während der Safari-Ralley
Wimbledon 87: Martina Navratilova u. Steffi Graf
Michaela Gerg beim WM-Riesenslalom
Wolfram Wuttkes 3 : 1 gegen England
Peter Michael Kolbe bei der Ruder-WM 87
Bernhard Langer im Sand-Bunker

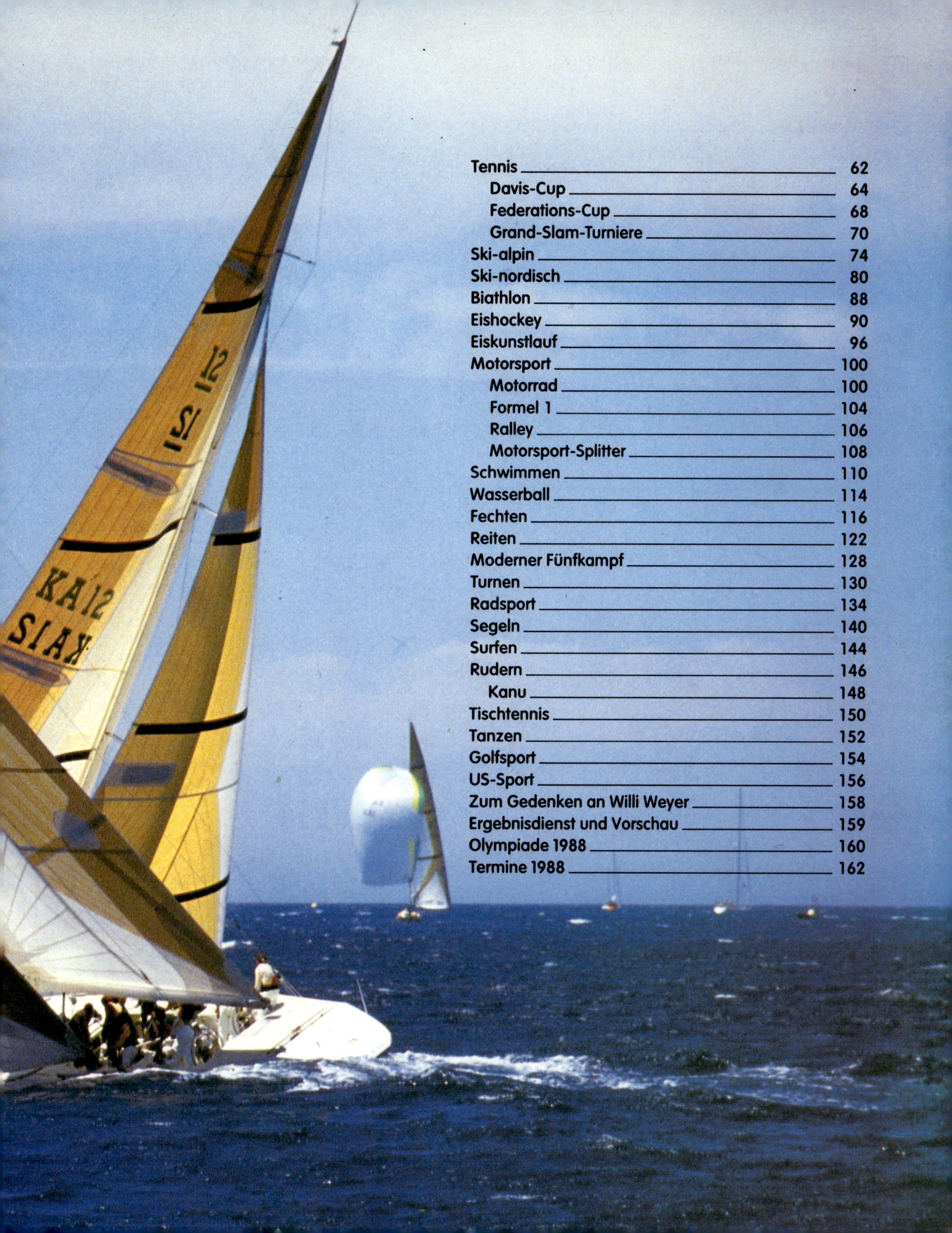
KA 12
12

Zum Geleit

Sport im Fernsehen: das ist Aktualität und Spannung – oft live, immer am Ball, hautnah und authentisch. Ohne Sportberichterstattung und die Übertragung großer nationaler und internationaler Ereignisse wäre das Fernsehen um vieles ärmer. Bis zu 10 Prozent des ZDF-Programms sind dem Sport gewidmet – mit durchschnittlichen Zuschauerzahlen zwischen 4 und 7,3 Millionen. Das Spektrum, über das berichtet wird, ist sehr groß: außer attraktivem Fußball und Tennis gibt es eine ganze Reihe von Sportarten, die nicht so viele Fans vor den Bildschirm locken, die aber dennoch sehr farbig und interessant sind und sich vielleicht für den einen oder anderen als Hobby empfehlen. Sport wird nicht nur als Medienereignis, sondern auch als Freizeitbeschäftigung immer beliebter: Hier kann man seinem natürlichen Spieltrieb nachkommen und der Lust, sich mit anderen im Wettkampf zu messen.

Sport in seiner Vielgestaltigkeit ist jedoch auch immer unübersichtlicher geworden: neue Rekorde und Superlative, Namen jeder Nationalität folgen aufeinander. Sicher gibt es hier Bilder, die man nicht vergißt – aber nicht jeder überblickt das Geschehen jeder einzelnen Sportart in gleichem Maße. Das ZDF-Sportjahrbuch kann hier Orientierungshilfe bieten, Daten und Fakten nennen sowie Highlights aus nationalen und internationalen Sportereignissen in Erinnerung rufen; es kann Hintergrundinformationen bieten, die auch das Menschliche nicht zu kurz kommen lassen. Dieser Band serviert Ihnen sozusagen als Nachtisch zu den ZDF-Sportsendungen eine Reihe von Leckerbissen.

Darüber hinaus fließt ein Teil des Erlöses aus dem Verkauf dieses Sportbuchs direkt der Initiative gegen Kinderkrebs der Deutschen Krebshilfe zu, die sich mit großem Engagement der Erforschung, Früherkennung und Therapie dieser bedrohlichen Krankheit bei Kindern widmet. Gerne unterstützt daher das ZDF – gemeinsam mit Ihnen – den beispielhaften Einsatz dieser Initiative, zu deren Erfolg Sie durch den Kauf dieses Buches unmittelbar beitragen. Dafür danke ich Ihnen und wünsche bei der Lektüre viel Spaß.

Prof. Dieter Stolte
Intendant des ZDF

Vorwort

Der Gedanke, eine Gemeinschaft von Sportreportern und Redakteuren einer Fernseh-Sportredaktion zu Buchautoren zu machen, liegt nahe. Die Vielfalt der Sportszene, die Inflation von Wettbewerben und Meisterschaften, der weltumspannende Charakter des Sports machen es einer Einzelperson fast unmöglich, für den Zeitraum von 12 Monaten kompetenter Beobachter dieser dynamischen Szenerie zu sein. Es ist deshalb konsequent darauf verzichtet worden, dem Buch eine einheitliche Handschrift zu geben. Die Besonderheit ist die breite Streuung, die unterschiedliche Betrachtung sowie die vielfältigen stilistischen Mittel, jedoch erhebt das Buch im redaktionellen Bereich keinen Anspruch auf Vollständigkeit.
Um der Chronologie, der Ergebnisflut eines Sportjahres gerecht zu werden, liegt ein umfassender Statistikteil vor.
Die dem Leser so angebotene Fachkompetenz verleiht dem Buch in seiner Komposition einen außergewöhnlichen Reiz.
Allen Kollegen, die durch ihre Autorenschaft zum Gelingen des Werks beigetragen haben, möchte ich an dieser Stelle ganz herzlich danken.

Bernd Heller

Fußball

National ganz große Klasse

International mehr Masse

Die Saison 86/87 war ein erneuter Beweis dafür, daß der deutsche Fußball zur internationalen Spitze gehört. Gleichzeitig wurde jedoch deutlich, daß er nicht mehr oder noch nicht wieder die großen Spieler und Mannschaften der 70er Jahre besitzt. Von 1972 bis 1976 dominierte der deutsche Fußball, die Nationalmannschaft wurde Welt- und Europameister, und Bayern gewann dreimal den Europapokal der Landesmeister. Seit den frühen 80er Jahren aber waren deutsche Mannschaften, mit Ausnahme des HSV bei seinem 1:0-Sieg über Turin 1983, in den Endspielen – wenn überhaupt einmal vertreten – unterlegen. 1982 verlor Deutschland das WM-Endspiel gegen Italien und Bayern München das Europapokalendspiel gegen Aston Villa. Die Parallelen zur Saison 86/87 sind unverkennbar. Deutschland wird Vizeweltmeister, der FC Bayern eben nur zweitbeste Vereinsmannschaft Europas.

Dieter Hoeneß beim Kopfballduell mit spanischen Abwehrspielern. Bayern München (oben) nach der erfolgreichen Titelverteidigung.

17. Juni 1987 – Münchner Olympiastadion: Die Bayern (re. Plügler) standen als Meister schon fest, als der FC Schalke 04 mit Olaf Thon am Ball zum letzten Spiel im Olympiastadion gastierten.

Die Frage, wer die 24. Bundesligasaison als Meister beenden würde, war eigentlich schon in den letzten Wintertagen beantwortet. Nachdem Bayern München das Spitzenspiel beim ernsthaftesten Verfolger Hamburger SV mit 2:1 gewonnen hatte, wuchs der Punktevorsprung der Münchner von Woche zu Woche.

Hatte man in der Vorrunde noch geglaubt, Bayer Leverkusen könne nach dem überzeugend herausgespielten 3:0-Auswärtssieg im Münchner Olympiastadion dem Titelverteidiger Paroli bieten, so erzeugte die Tabellensituation an der Spitze schon im Frühjahr '87 keine Spannung mehr. Es ging nur noch darum, wann und wie der FC Bayern seinen 10. Titel unter Dach und Fach bringen würde.

Rechnerisch sollte dies am viertletzten Spieltag möglich sein, doch die Münchener, demoralisiert und mit gegenseitigen Schuldzuweisungen vom verlorengegangenen Europacup-Finale aus Wien zurückgekehrt, verspielten beim Aufsteiger FC Homburg einen 2:0-Pausenvorsprung und mußten nach dem Endergebnis von 2:2 die Meisterfeier vertagen. In den Katakomben des Homburger Waldstadions vernahmen die Journalisten 30 Minuten nach Spielschluß erstmals das Lattek-Zitat: „Gott sei Dank ist in München bald Schluß, ich bin froh, wenn es endlich nach Köln geht!"

Am 32. und damit drittletzten Spieltag gastierte mit Bayer Uerdingen eine zuletzt wenig überzeugend spielende Elf im Olympiastadion, der es dennoch gelang, gegen die völlig außer Tritt geratenen Bayern mit 1:0 und 2:1 in Führung zu gehen. Trainer Udo Lattek wirkte wie versteinert, durchs Stadion, ja sogar aus der den Bayern besonders wohlgesonnenen Südkurve, gellten die Pfiffe. Doch dann kam der Auftritt eines Mannes, der in seiner langen Laufbahn mehr Kritik als Lob einstecken mußte, über den die Fans mehr lachten als daß sie ihm Beifall gespendet hätten: Dieter Hoeneß! Einen Eckstoß von Michael Rummenigge, den Hansi Pflügler mit dem Kopf verlängerte, drückte Hoeneß über die Linie des Uerdinger Tores. Womit? Mit dem Kopf, Hoeneß' wichtigstem fußballerischen Werkzeug, das er sogar schon blutend und mit einer Bandage umwickelt für Tore benutzt hatte? Nein! Mit einem seiner beiden Füße, die er nicht selten so voreinander setzte, daß er ins Stolpern geriet? Mitnichten! Am Ende seiner Karriere bot Hoeneß der staunenden Öffentlichkeit etwas Neues: das Knietor!

2:2 – Bayern München war vorzeitig Deutscher Fußballmeister, die anschließenden Siege in Stuttgart und gegen Schalke besaßen somit nur noch statistischen Wert.

Es war eine Meisterschaft ohne Glanz und Gloria, was nicht an der Leistung des FC Bayern – während der ganzen Saison – lag. Nur ein Ausrutscher da-

Walter Junghans beim Saisonabschluß gegen Bayern in Aktion – wer konnte zu diesem Zeitpunkt ahnen, daß es sein letztes Spiel im Schalker Tor war. Weichen mußte er Toni Schumacher, mit dem die Gelsenkirchner nun endlich einen Weltklassemann zwischen den Pfosten haben. Nach der Aussöhnung des „Anpfiff"-Autors mit Olaf Thon war der Handel perfekt.

heim gegen Leverkusen, keine Auswärtsniederlage, aber, und das war wohl entscheidend: Kurz vor dem Erreichen der 10. Meisterschaft gab es den absoluten Tiefpunkt mit der Endspielniederlage gegen Porto, von der Udo Lattek sagte: „Es war die größte Enttäuschung, die schlimmste Niederlage für mich als Fußball-Lehrer!"
Insofern wirkte diese Meisterschaft, die den FC Bayern zum Rekordtitelträger in Deutschland machte, eigentlich nur wie die Erfüllung eines Plansolls. Für Dieter Hoeneß und Udo Lattek ging mit Abschluß dieser Spielzeit ein Lebensabschnitt zu Ende. Hoeneß hängte die Fußballschuhe an den berühmten Nagel, und Lattek tauschte die oft unbequeme Trainerbank mit dem komfortableren Sessel eines Technischen Direktors.

Vom Rand zur Zweitklassigkeit hinein in den UEFA-Cup

Es war im Mai des vergangenen Jahres: Für Borussia Dortmund ging eine verkorkste Bundesligasaison mit einem millionengroßen Schuldenberg und dem 16. und damit drittletzten Tabellenplatz zu Ende. Diese Plazierung reichte gerade aus, um in zwei Relegationsspielen gegen den

Nicht nur in dieser Saison, wie beim Spiel Gladbach : Schalke, glänzte Uwe Rahn mit spektakulären Aktionen. Er wurde Bundesliga-Torschützenkönig und anschließend von den Journalisten zum Fußballer des Jahres gewählt.

Dritten der 2. Liga, Fortuna Köln, die Erstklassigkeit eventuell erhalten zu können. Nachdem das erste Spiel in Köln sang- und klanglos mit 0:2 verloren worden war, fehlte vielen Experten im Lande der Glaube an die altehrwürdige Borussia vom Borsigplatz. Nur Dortmunds Fußballfreunde, mittlerweile die anhänglichsten in dieser Republik, standen wie ein Mann hinter ihrer Borussia. 54 000 beim Rückspiel im ausverkauften Westfalenstadion waren Zeuge eines Beinahe-Abstiegs, denn Sekunden vor Spielende führte Dortmund nur mit 2:1, ehe Jürgen Wegmann quasi mit dem Schlußpfiff auf 3:1 erhöhte und somit ein drittes, entscheidendes Spiel auf neutralem Platz erzwang.
Im Düsseldorfer Rheinstadion erlahmte dann die Gegenwehr der von Krankheiten arg geschwächten Kölner Fortuna-Spieler: Dortmund siegte mit 8:0 und erhielt sich ein weiteres Jahr die Erstklassigkeit.
Mit der Zielsetzung „Ich möchte auch mal im Europapokal mitspielen" verließ Nationaltorhüter Eike Immel den BVB und wechselte zum wesentlich höher eingestuften VfB Stuttgart. Der Wunsch des bescheidenen Dortmunder Trainers Reinhard Saftig hingegen: „Wir streben einen gesicherten Mittelplatz an, mit dem Abstieg wollen wir trotz der großen Einnahmen aus den Relegationsspielen nichts mehr zu tun haben!"
Das 2:2 zum Auftakt beim Deutschen Meister Bayern München nahm niemand so richtig ernst – Platz 7 zum Ende der Vorrunde wurde mit leichtem Interesse registriert – doch 16:6 Punkte aus den letzten zehn Spielen, darunter Klasseleistungen wie beim 4:3 gegen den HSV oder beim 3:2-Sieg in Kaiserslautern: Borussia Dortmund schloß die 24. Bundesligasaison mit einem sensationellen 4. Platz ab und verzeichnete nach Bayern München mit durchschnittlich 34 000 Zuschauern die höchste Besucherzahl.
Der Schuldenberg konnte abgetragen werden, und Eike Immel, der mit dem VfB Stuttgart einen ent-

Ob im Sommer oder im Winter – im Dortmunder Westfalenstadion ging es immer heiß her. Hier eine Szene aus dem Spiel gegen Bayern München, wo Kutowski den Bayern-Stürmer Wohlfahrt schulterte.

Ein neues Gesicht im Tor des 1. FC Köln – der 19jährige Bodo Illgner trat die Nachfolge des Buchautors Toni Schumacher an.

täuschenden 12. Platz belegte, war das Eigentor dieser Saison unterlaufen: Am Fernsehschirm wird er verfolgen können, wie sein alter Arbeitgeber Borussia Dortmund im sicherlich prall gefüllten Westfalenstadion um Europapokal-Ehren gegen Celtic Glasgow kämpfen wird.
Neben Dortmunds Leistungen verblaßten die der anderen bundesdeutschen UEFA-Cup-Teilnehmer, wenngleich Borussia Mönchengladbach mit einem Endspurt von 20 : 0 Punkten in Serie für einen Bundesligarekord sorgte und schließlich noch Dritter wurde; außerdem stellte der Club mit Uwe Rahn den erfolgreichsten Torschützen der Liga und den Fußballer des Jahres. Werder Bremen als Fünfter hatte viel vom Schwung und der Überzeugungskraft vergangener Jahre verloren; mit dem Wechsel von Rudi Völler zum AS Rom wird für die Norddeutschen in der kommenden Saison sicherlich eine neue Ära beginnen.
Bayer Leverkusen als Sechster und durch den Pokalsieg des Bundesliga-Zweiten HSV ebenfalls noch für den UEFA-Cup qualifiziert, konnte die spielerisch zeitweise großartigen Vorstellungen der Vorrunde – 3 : 0 Sieg in München – im zweiten Halbjahr nicht wiederholen.

Auf- und Abstieg: Kämpfe auf grünem Rasen, Rangeleien am grünen Tisch

Ohne große Probleme schafften Hannover 96 und der Karlsruher SC den Aufstieg ins Oberhaus des deutschen Fußballs. Die Niedersachsen, ein Jahr zuvor erst abgestiegen, dominierten vor allem die Vorrunde der Zweiten Liga. Zum Jahreswechsel lag Hannover mit 32 : 4 Punkten sieben Zähler vor der Konkurrenz; anders der KSC, der zur Halbzeit lediglich Platz 11 einnahm, in der Rückrunde aber mit 34 : 6 Punkten bis auf Rang 2 kletterte.
Für eine große Überraschung sorgte der FC St. Pauli, der sich als Aufsteiger aus der Oberliga Nord bis auf Platz 3 katapultierte, in den anschließenden Relegationsspielen gegen den Bundesliga-Drittletzten FC Homburg jedoch mit 1 : 3 und 2 : 1 den kürzeren zog.

Dank an's Münchner Publikum: Udo Lattek verabschiedet sich nicht nu mit dem Meistertitel, sondern schenkt den Fans auch seine Kleidungsstücke.

Noch ein Abschied! Dieter Hoeneß, der Mann mit der Nr. 9 beendet seine Laufbahn mit dem Spiel gegen Schalke. Mit ihm geht ein vorbildlicher Sportler von der Fußballbühne, der vor allem internationale Tore schoß.

Drei Stützen des Deutschen Meisters Bayern München: Norbert Nachtweih, der den oft verletzten Augenthaler glänzend als Libero vertrat; Jean-Marie Pfaff, der belgische Nationaltorhüter, einer der besten seines Fachs und Lothar Matthäus, einer der erfolgreichsten Torschützen (Bild S. 15).

Große Aufregung gab es um den Abstieg aus der 1. Liga. Während sich Blau-Weiß 90 Berlin nach einjährigem Gastspiel als Tabellenletzter artig verabschiedete, muckte Fortuna Düsseldorf als 17. gehörig auf! Fernschriftlich legte man Protest gegen die Wertung des letzten Saisonspiels ein, das mit einem 2 : 2 Unentschieden beim VfL Bochum endete. In der Begründung hieß es, der Schiedsrichter, Herr Kautschor aus Eschweiler, habe in der 62. Minute den Treffer zum 1 : 1-Ausgleich für Bochum anerkannt, obwohl er weder den vorangegangenen Eckball freigegeben noch die Torszene beobachtet habe, weil er nämlich zu diesem Zeitpunkt mit zwei Bochumer Spielern diskutiert habe. Das Sportgericht des Deutschen Fußball-Bundes folgte nach Hinzuziehung von Fernsehaufnahmen diesem

Protest, annulierte wegen eines Regelverstoßes des Schiedsrichters das Spiel Bochum gegen Düsseldorf und setzte dieses neu an!
Eine gleichermaßen mutige wie unpopuläre Entscheidung, die allerdings noch vom DFB-Bundesgericht bestätigt werden mußte. Hochkonjunktur für Spekulationen! Bochums Spieler, verstreut in alle Himmelsrichtungen, ohne daß dem Club ihre Urlaubsadressen bekannt waren; der Rasen des Ruhrstadions zwecks Erneuerung aufgerissen; Düsseldorfs Mannschaft per Telefonrundruf zum Training bestellt; Protest des FC Homburg, der im Fall eines deutlichen Düsseldorfer Sieges im Wiederholungsspiel selbst absteigen müßte – das Sportgericht des Deutschen Fußball-Bundes hatte mit seinem Urteil ein bislang beispielloses Nachspiel initiiert. Die gesamte Ligaorganisation sah sich eine Woche nach Beendigung der Punktspielrunde einer Zerreißprobe ausgesetzt. „Viel Lärm um Nichts!" so könnte man den Urteilsspruch des DFB-Bundesgerichts einige Tage später betiteln. Der Beschluß des Sportgerichts wurde

aufgehoben, die Wertung des Spiels Bochum gegen Düsseldorf bestätigt! Es blieb also alles beim alten, Düsseldorf mußte neben Blau-Weiß 90 den Weg in die Zweitklassigkeit antreten.
In zweiter Instanz hatte man wohl – zum Besten des gesamten Spielbetriebs – nach einem Ausweg, einer Lücke in der Sportgerichtsbarkeit des DFB geschielt – in jedem Fall wurde einem Linienrichter abgenommen, daß er den Eckball freigegeben habe, des weiteren wurde dem Schiedsrichter geglaubt, daß er Blickkontakt mit eben diesem Linienrichter gehabt habe, und so weiter und so weiter . . .!
Somit wurde am Donnerstag, den 25. Juni 1987 um 17 Uhr 13, die „Nachspielzeit" der 24. Bundesligasaison abgepfiffen. Von dem Urteil ging die Wirkung eines Befreiungsschlages aus. All die Sorgen und Ängste vor einer Kette von Wiederholungen, Neuansetzungen oder gar Aufstokkung der Liga waren verscheucht. Das Bundesgericht hatte den Retter aus der Not gespielt, dennoch blieb ein bitterer Beigeschmack: Die Widersprüchlichkeit der Aussagen des Schiedsrichters, erst vor dem Sport- und dann vor dem Bundesgericht, stellten nicht gerade eine Ruhmestat dar. Das Urteil vom 25. Juni 1987 ist ein Präzedenzfall. Die Folgen werden uns und dem Fußball noch viel zu schaffen machen.

Hannove 96 kehrte ins Bundesliga-Oberhaus zurück. Hier eine Spielszene aus dem 2-Liga-Spiel gegen Mitaufsteiger Karlsruher SC. Links Hannovers Verteidiger Kullmey, in der Mitte Karlsuhes Torjäger Glesius und rechts Hannovers Torwart Raps (Bild oben).

Dank einer glänzenden Rückrunde, wo der KSC nicht nur Alemania Aachen abschüttelte, sicherten sich die Karlsruher den 2. Platz (Bild Mitte).

Äußerst knapp war die Entscheidung in den beiden Relegationsspielen in denen sich der FC Homburg – links Freiler – gegen den FC St, Pauli – rechts Studer – durchsetzte (Bild unten).

Zwei für Deutschland – und keiner trägt das Nationaltrikot!

Die Macken von Linksaußen und Torhüter sorgen schon traditionell für Gesprächsstoff in Fußballerkreisen. Uli Stein und Toni Schumacher haben den schlechten Ruf ihres Berufsstandes kräftig gefördert. Der Hamburger Torhüter hat in jüngster Zeit gleich dreimal „zugeschlagen"! In Mexiko bei der Fußballweltmeisterschaft war es seine Disziplinlosigkeit, in Augsburg war es eine obszöne Geste, in Frankfurt schlug er zu, zehn Millionen Fernsehzuschauer waren Zeuge. Das Opfer war der Torschütze Wegmann. Toni Schumacher ließ per Ghostwriter seine Gedanken über den Fußball im Allgemeinen und Besonderen mitteilen.

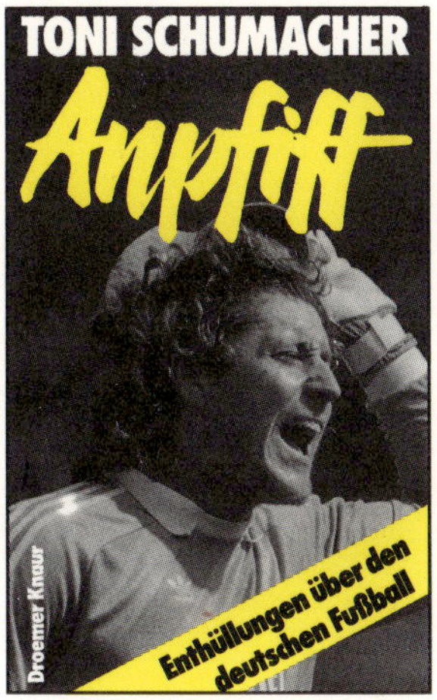

„Anpfiff" heißt das literarische Werk. Über den Schlüssellochjournalismus gerieten Betroffene in Zorn,

das DFB-Präsidium ließ die Muskeln spielen. Verbannung aus der Nationalmannschaft schien das Gebot der Stunde. Der Kölner Arbeitgeber zog nach, suspendierte Toni

und ebnete so den Weg zu einem Bündnis, das als weitere Station in der sportlichen Karriere des Torhüters schon fast logisch erscheint. Toni und Schalke!
Die Reaktion von Deutschlands Fußballöffentlichkeit, angeführt vom DFB, ist bei solchen Entgleisungen kalkulierbar. Der spontanen Empörung folgt die konsequente Verbannung und irgendwann ist dann doch (fast) alles vergeben. Ein überzogenes Kräftespiel als Ritual mit Statuten. Bei Deutschlands Torhüter Nr. 1 hat dies den Wechsel zu einem anderen Bundesligisten eher gefördert als verhindert. Uli Stein wird man zu gegebener Zeit auch noch ein paar Tränen nachweinen. Wir sollten lernen, auf die Macken von Deutschlands Torhütern gelassener zu reagieren.

Bernd Heller

Der Kunstschuß des Manfred Kaltz – HSV zum 3. Mal DFB-Pokalsieger

Berliner Olympiastadion, 20. Juni, 19 Uhr 44: HSV-Trainer Ernst Happel zündet sich gerade die 30. Zigarette an, Manager Felix Magath zupft nervös an seinem Schlipsknoten, Masseur Hermann Rieger schleppt eine Kiste Mineralwasser heran. Das 44. Deutsche Pokalendspiel zwischen dem hohen Favoriten aus dem Norden und den in den Niederungen der 2. Liga spielenden Stuttgarter Kickers steht 1:1 und damit kurz vor der Verlängerung. Kurtenbach hatte Stuttgart in Führung gebracht, Beiersdorfer wenig später ausgeglichen.
Nur noch wenige Minuten sind zu spielen, da sprintet Miroslav Okonski mit dem Ball in die Stuttgarter Hälfte, läuft – in halbrechter Position, kurz vor dem Strafraum – auf einen gegnerischen Abwehrspieler auf und hat das Glück, daß Schiedsrichter Peter Gabor dennoch auf Freistoß für den HSV entscheidet. Manfred Kaltz legt sich das Leder zurecht, Stuttgarts Torwart Armin Jäger dirigiert die Mauer, Trainer Dieter Renner brüllt von der Aschenbahn Anweisungen ins Feld. Manfred Kaltz läuft an, vier, fünf Schritte – jeder, allen voran Torwart Jäger, rechnet mit einer Flanke, doch Kaltz zirkelt den Ball haarscharf rechts an der Mauer vorbei ins kurze Eck. Keine Hand hätte mehr zwischen Pfosten und Ball gepaßt! 2:1 für den HSV – das war der Sieg, der durch ein Eigentor von Schlotterbeck in der Schlußminute noch auf 3:1 geschraubt wurde.
„Ich habe schon schönere Tore geschossen!" erklärte Kaltz in cooler Manier wenig später den fragenden Reportern. Und Manager Magath meinte: „Nur gut, daß wir diesem alten Fuchs noch einmal einen Zwei-Jahres-Vertrag gegeben haben!"
Der einzige, den der 3. Pokalsieg des HSV in seiner hundertjährigen Vereinsgeschichte nicht zu interessieren schien, war Trainer Happel. Mit dem Schlußpfiff trat er ab, wie er sechs Jahre zuvor gekommen war: mürrisch und kontaktscheu!
Der anschließenden Pressekonferenz gab er nur auf inständiges Bitten des DFB die Ehre, seine Aussage war karg wie immer, Zusatzfragen beantwortete er nicht. Der Saisonabschluß- und der Pokalsiegerfeier vier Stunden später in Hamburg blieb er fern. „Ich muß noch pakken", meinte Happel und ward nicht mehr gesehen. Das Ende einer Dienstzeit, typisch für den grantelnden Wiener, der beim Innsbrucker Fußballclub Tirol seine Trainerlaufbahn beenden wird.
Für den Hamburger Sportverein war eine

Manfred Kaltz, der Schütze des 2:1;, bei der Siegerehrung mit dem DFB-Pokal, einem weiteren Erfolg in seiner glänzenden Karriere.

Nicht nur im Pokalendspiel gegen die Stuttgarter Kickers zeigte der polnische Nationalspieler Miroslav Okonski seine Klasse. In dieser Bildsequenz erkennt man die ausgefeilte Technik des HSV-Mittelfeldspielers. Der Einkauf des Polen war eine Glanzleistung des Ex-Managers Netzer.

Ob Sieg oder Niederlage, Ernst Happels Gesicht bleibt immer versteinert.

Zweitligist Stuttgarter Kickers schaffte mit einem Heimsieg gegen Fortuna Düsseldorf den Einzug ins deutsche Pokalfinale. Links Stuttgarts Torjäger Kurtenbach, rechts der Düsseldorfer Kaiser.

Erst in der Verlängerung konnte der Hamburger Sportverein im Halbfinale den Gast aus Mönchen-Gladbach bezwingen. Das goldene Tor erzielte Mittelstürmer Manfred Kastl.

überaus erfolgreiche Saison zu Ende gegangen. Platz 2 in der Bundesliga, darüber hinaus der Pokalsieg – Resultate, die selbst größte Optimisten vor Saisonbeginn nicht erwartet hatten.
Mit dem neuen Manager Felix Magath war der HSV im August '86 in die Meisterschafts- und Pokalspiele gestartet. Es war Magaths Idee, das erste Pokalspiel gegen Union Solingen nicht im ungemütlichen Volksparkstadion, sondern am traditionsreichen Rothenbaum stattfinden zu lassen. 10 000 Zuschauer und ein 3 : 0 – das Experiment war gelungen.
Weitaus größere Schwierigkeiten ergaben sich aus dem zweiten Spiel beim bayerischen Oberligisten FC Augsburg: ein äußerst mühevoller 2 : 1 Sieg, dazu ein Platzverweis für Uli Stein und zu allem Überfluß dann der unrühmliche Abgang des ehemaligen Nationaltorhüters im Rosenau-Stadion; das von Manager Magath mit viel Liebe aufgebaute HSV-Image hatte einen Dämpfer erhalten.
Doch Trainer Happel, der in den anschließenden Bundesligaspielen den Ersatztorhüter Uwe Hain für den gesperrten Uli Stein zwischen die Pfosten stellen mußte, unterstützte den Kurs des Managers und gewann verlorengegangene Glaubwürdigkeit für den Club zurück, indem er Stein nach Ablauf seiner Sperre bis zum Ende der Vorrunde nicht mehr aufstellte.
In der 3. Pokalhauptrunde bescherte das Los dem HSV ein volles Volksparkstadion und hohe Einnahmen.

Der kleine Kastl – ganz groß

Gegner war der Ortsrivale FC St. Pauli, der mit 6 : 0 standesgemäß abgefertigt wurde. Im Viertelfinale schlug die Stunde des Manfred Kastl, der zu Saisonbeginn aus der Bayernliga gekommen war. Kastls Tor am Darmstädter Böllenfalltor brachte den HSV nach einer jahrelangen Pokaldurststrecke wieder ins Halbfinale.
Auch hier, im Heimspiel gegen Borussia Mönchengladbach, hieß der Matchwinner Kastl. Vom Ersatz- zum Stamm-Mittelstürmer avanciert, gelang dem Franken auch wieder das „goldene Tor".

Einer der höchsten Pokalsiege gab es in Niederrhein-Derby zwischen M.-Gladbach und Bayer 05 Uerdingen. Die Gladbacher – links Krauss, daneben Dresen – deklassierten ihren Gegner – in der Mitte Kuntz – mit 9 : 2.

Einer der auffäligsten Akteure des Zweitligisten Stuttgarter Kickers bis zum Pokalfinale war Anthony Baffoe (re.). Der Düsseldorfer Kapitän Zewe hat hier gegen den farbigen Ballkünstler das Nachsehen.

Unterstützt von 30 000 Schlachtenbummlern zog der HSV am 20. Juni ins vollbesetzte Berliner Olympiastadion und wurde gegen die tapfer kämpfenden Stuttgarter Kickers zum 3. Mal Deutscher Pokalsieger.

Zum Saisonauftakt führte der Deutsche Fußball Bund etwas Neues ein: Das Supercup-Endspiel zwischen dem Meister Bayern München und dem Pokalsieger Hamburger Sportverein. Im Frankfurter Waldstadion setzten sich die Bayern – vorne Pflügler, in der Mitte der Hamburger Kapitän von Hessen, links Dorfner – mit 2 : 1 durch. Unrühmlicher Schlußpunkt eines ansonsten fairen Spiels war die Tätlichkeit des HSV-Torwarts Stein, der den Münchner Mittelstürmer Wegmann nach dessen Siegtor, kurz vor Spielende einen Schlag ins Gesicht versetzte, so daß Schiedsrichter Pauly nichts anderes übrig blieb, als dem Hamburger Torwart die rote Karte zu zeigen. Für Uli Stein bedeutet dies das Ende seiner Laufbahn beim HSV. Vielleicht auch in Deutschland. Sieger und somit erster Gewinner des Supercups wurde der Deutsche Meister aus München durch zwei Tore von Wegmann.

Rolf Töpperwien

EOS
PHILIPS

Die Europapokal-Saison 86/87

In der ersten Runde setzte sich das nationale Fußballdrama Werder Bremen leider auch international fort. In der Bundesliga verloren die Bremer am letzten Spieltag der Saison 85/86 die lange Zeit sicher geglaubte Deutsche Meisterschaft aufgrund der schlechteren Tordifferenz gegen Bayern München. In Madrid folgte die internationale Fortsetzung. Werder verlor das Hinspiel gegen Atletico mit 0 : 2. Im Rückspiel führte Werder 2 : 0, doch in der 113. Minute kam das Aus durch das 1 : 2 von Salinas.
In der zweiten Runde mußten gleich zwei Mannschaften die Segel streichen: In Stuttgart nahmen die Schmähungen gegen Trainer Egon Cordes immer schrillere Töne an. Gerade deswegen wäre für ihn ein Erfolg über Torpedo Moskau ungeheuer wichtig gewesen. Doch der VfB verlor in Moskau 0 : 2 und zu Hause 3 : 5.

Das Ende aller Hoffnungen. Der Brasilianer Juary zerstört die Bayern-Träume vom vierten Europapokal-Sieg. Bild unten: Der haushohe Favorit am Boden zerstört. Hochmut kommt auch im Fußball vor dem Fall. Trotzdem: der FC Porto war ein würdiger Sieger.

An Leverkusen hätten sich die Stuttgarter, zumindest in kämpferischer Hinsicht, ein Beispiel nehmen sollen. Leverkusen bot herzerfrischenden Offensivfußball und besaß gegen die international erfahrene Mannschaft aus Prag alle Chancen, zumal das Hinspiel in Prag 0 : 0 ausgegangen war. Doch Vadura erzielte in der 78. Minute das alles entscheidende 1 : 1. Dukla Prag rettete sich mit der Routine, die Leverkusen noch fehlt, in die nächste Runde.
Weil im UEFA-Cup eine Runde mehr gespielt wird als in den anderen Pokalwettbewerben, mußten Gladbach und Uerdingen vor der Winterpause noch einmal antreten. Gladbach gegen Glasgow Rangers und Uerdingen gegen FC Barcelona. Es ist sicher keine böswillige Verleumdung, wenn man unterstellt, daß einige der Stars von Barcelona, wie Nationaltorwart Zubizarreta oder der Engländer Lineker, vor dem Anpfiff nicht einmal gewußt haben, wo Uerdingen liegen mag. Wie dem auch sei, sie waren pünktlich zum Anpfiff da und schossen auch noch zwei Tore. Uerdingens Pokalfeuer, wie gegen Dresden oder Jena, war endgültig erloschen.
Gladbach spielte dagegen wie so oft Fußball mit Herz, obwohl man im Ibrox-Park bereits nach 15 Minuten mit 1 : 0 im Rückstand lag. Dank einer glänzenden Mannschaftsleistung mit einem überragenden Uwe Kamps im Tor und durch das Ausgleichstor von Uwe Rahn wurde der Grundstein für das Viertelfinale gelegt. Zuvor folgte jedoch eine Zitterpartie zu Hause. Nach 90 torlosen und nicht sonderlich fairen Minuten erreichte Gladbach das Viertelfinale, in dem jetzt nur noch zwei Bundesligisten vertreten waren.
Es war eine Runde ohne besondere Höhepunkte. Bayern revanchierte sich beim RSC Anderlecht für das Ausscheiden im Vorjahr. Dem 5 : 0 im Olympiastadion folgte ein 2 : 2 in Anderlecht.
Gladbach gewann sein Heimspiel gegen Guimares mit 3 : 0 und erreichte in Portugal ein 2 : 2.
Die Paarungen des Halbfinales lauteten: Gladbach gegen Dundee United und Bayern gegen Real Madrid, Paarungen, die man eigentlich in Endspielen erwartete. Und es wurden Spiele, die Schlagzeilen machten. Bayern besiegte Europas populärsten Klub Real Madrid in einem heiß diskutierten Spiel mit 4 : 1. Klaus Augenthaler brachte die Münchener in der 11. Minute mit einem Gewaltschuß in Führung. Dann gab der Schotte Valentine einen heiß umstrittenen Strafstoß. Diesen verwandelte Matthäus zum 2 : 0. Das Spiel drohte aus den Fugen zu geraten.
Wohlfarth erzielte später das 3 : 0, Butrageno verkürzte unmittelbar vor der Pause auf 3 : 1. Realspieler Mino berührte er den Ball nach einem Blackout im eigenen Strafraum mit der Hand, danach mußte der Madrider wegen wiederholten Foulspiels vom Platz. Lothar Matthäus verwandelte den Strafstoß sicher zum 4 : 1-Endstand.
Die Schuld am skandalösen Verlauf dieses Spiels und an der Niederlage gab Real vor allem Schiedsrichter Valentine. Real schwor sportliche Rache und war überzeugt, im Rückspiel – wie so oft

Der kleinste Bayer war an diesem Abend der größte. Nach Kögls 1 : 0 schien für die Bayern alles planmäßig zu verlaufen.

Die heißdiskutierte Schwalbe von Nationalspieler Hans Dorfner, auf die Schiedsrichter Valentime hereinfiel. Danach drohte das Spiel zu entgleisen.
Bild rechts: Zwei Realspieler sahen rot. Mino und Juanito nach dem Revanche-Foul an Lothar Matthäus.

– alles klar machen zu können. Mehrfach drohte im Hexenkessel des Bernabeo-Stadions ein Spielabbruch. Es flogen Steine und sogar Messer.
Die meisten der 100 000 Zuschauer im Stadion Santiago Bernabeo waren nach 90 Spielminuten davon überzeugt, an diesem Abend den besten Torwart der Welt gesehen zu haben. Jean-Marie Pfaff zeigte eine sensationelle Leistung und ließ sich nur einmal bezwingen: von einem Mannschaftskameraden. Roland Wohlfarth lenkte den Ball nach einer unübersichtlichen Aktion ins eigene Netz. Nur drei Minuten nach dem 0 : 1 wurde Kapitän Klaus Augenthaler wegen einer Tätlichkeit vom Platz gestellt. Die zehn Bayern kämpften wie die Löwen und überstanden die rest-

lichen sechzig Minuten ohne weiteres Gegentor. Das 0:1 von Madrid wird in die Bayernchronik wohl als die schönste Niederlage der Vereinsgeschichte eingehen, denn zum fünften Mal erreichte der deutsche Rekordmeister das Finale im Europapokal der Landesmeister.
Gladbach ist nicht Bayern. Dieser Satz bestätigte sich leider wieder einmal. Die Voraussetzungen, nach dem 0:0 bei Dundee in das Endspiel des UEFA-Pokals einzuziehen, waren denkbar gut. Doch ähnlich wie im Vorjahr, als die Gladbacher nach einem 5:1-Sieg gegen Real in Madrid noch mit 0:4 unter die Räder kamen, reichte auch diesmal das gute Hinspielergebnis nicht. Jupp Heynckes und die Borussia blieben wieder einmal den Beweis schuldig, auch international eine große Mannschaft zu sein. Gegen die robusten und zunächst auf Abwarten spielenden Schotten fand Gladbach kein Rezept. Nachdem einige gute Chancen nicht genutzt werden konnten, schlichen sich erste Fehler ein. Den gravierendsten nutzte Ferguson in der 43. Minute zum 1:0. Heynckes brachte Krauss für Hochstätter, später Jung für Winkhold ins Spiel. Aber seine Mannschaft blieb ängstlich und gehemmt, während Dundee weiterhin die besseren Torchancen besaß. Übernervös und ohne Selbstbewußtsein verspielte Gladbach die Finalteilnahme endgültig, als Redford den 2:0-Endstand erzielte. Somit stand Bayern München wieder einmal allein auf weiter Flur.
Um Europapokalsieger der Landesmeister zu werden, müssen neun Spiele bestritten werden, zwei mehr als Boris Bekker bei einem Wimbledonsieg. Als ich vor dem Finale in Wien mit so routinierten und erfahrenen Spielern wie Hoeneß, Eder oder Jean-Marie Pfaff sprach, war allen die Nervosität und innere Anspannung anzumerken, und keiner machte ein Hehl daraus. Nur Udo Lattek strahlte Siegeszuversicht aus. Am Vorabend des Endspiels saßen wir eine Stunde beieinander, diskutierten Stärken und Schwächen eines Gegners, der immerhin im Halbfinale in Kiew fast die komplette sowjetische Nationalmannschaft mit 2:1 besiegt hatte. Aber wir redeten auch über die Probleme des FC Bayern, über Lothar Matthäus, der von allen Seiten – auch von Franz Beckenbauer – wieder einmal zu lesen und hören bekam, daß er

Marco van Basten zerstörte die Hoffnungen von Leipzig, als zweite DDR-Mannschaft nach Magdeburg, einen Europapokaltitel zu holen.

in wichtigen Spielen stets versage. Lattek hatte über Wochen versucht, Matthäus für dieses Endspiel aufzubauen. Da kam dem Bayerntrainer der Teamchef gerade recht, der dozierte, es sei noch nie so leicht gewesen, Europapokalsieger zu werden und der doch selbst vor dem Länderspiel gegen Malta stöhnt, wie schwer der Gegner sei.
Am 27. Mai aber waren die Scharmützel vergessen, mehr als eine halbe Milliarde Menschen aus fünf Kontinenten schaute via Fernsehen ins Wiener Prater-Stadion. Ich hoffte sehr, nach meinen traurigen Erfahrungen der Brüsseler Tragödie 1985

im Heyssel-Stadion, an diesem Abend nur Fußball kommentieren zu dürfen. Und es wurde ein faires Finale, ohne Ausschreitungen. Es war aber auch ein Endspiel, das in der Schlußphase tatsächlich die Klasse eines europäischen Finales hatte: das Verdienst des FC Porto.
60 Minuten sah der Favorit Bayern wie der sichere Sieger aus. Zwar erspielten die Münchner gegen die zunächst sehr defensiven Portugiesen nur eine Handvoll ordentlicher Torchancen, aber sie gingen immerhin durch ein Kopfballtor des kleinen Wiggerl Kögl in der 25. Minute in Führung. Überhaupt Kögl, in 82 Bundesligaeinsätzen erzielte er nur ein Tor, in Wien aber war der Kleinste der Größte. Er zeigte allen Bayern, wie man zu spielen hat, wenn man Europapokalsieger werden will.
Nach Kögls Tor macht die Erfolgsmaschine Bayern mehr Druck, aber der Eifer übertrifft den Glanz, die Kraft die Genialität. Dem Fußballästheten bleiben für die technischen Feinheiten nur die Portugiesen.
Die Bayern haben in der Bundesliga das Verlieren verlernt, der Schock der 2. Halbzeit trifft sie unvorbereitet. Portos Trainer Artur Jorge, ein promovierter Sprachwissenschaftler, wechselt aus. Der kleine Brasilianer Juary kommt für Quim und Frasco für Inacio ins Spiel. Futre und Madjer beginnen zu zaubern.

Der Traum vom UEFA-Cupfinale währte nur bis zum Rückspiel. Dresen (rechtes Bild), Criens und Nationalspieler Rahn (8) mußten sich Dundees Kampfkraft beugen.

Technik gegen Kraft, Spielwitz gegen Disziplin. 60 Minuten dominierten deutsche Tugenden, danach spielen die Bayern wie Boris Becker, wenn sein Aufschlag nicht mehr ankommt. Sie werden ängstlicher, das Selbstbewußtsein schwindet. Die Angst vor Fehlern und Verantwortung ist bis auf unsere Reporterplätze zu spüren. Die ersten fangen an sich zu verstecken, Lothar Matthäus, der Mann mit dem oft so großen Kämpferherz, wirkt zwergenwüchsig, so klein macht er sich. Werner Olk, Bayerns Co-Trainer, sagt später zu mir: „Mit sechs oder sieben Mann kannst du kein Finale gewinnen." Die treffendste Analyse zum Wiener Endspiel.

Der Absatzkick von Madjer zum 1:1 in der 78. Minute zählt zu den schönsten und frechsten Toren, die es je in einem Endspiel gegeben hat. Für den überragenden Algerier war dies sicher eine besondere Genugtuung. 1982 schoß er bei der WM in Spanien beim 2:1-Sieg der Algerier über Deutschland den ersten Treffer – und schied dennoch mit seiner Mannschaft aus. Nur zwei Minuten nach Portos Ausgleich der Todesstoß für die Bayern: Der kleine Brasilianer Juary erzielt das 2:1. Lähmendes Entsetzen und Fassungslosigkeit machen sich breit. Jetzt spielen nur noch die Portugiesen, allen voran Futre und Madjer. Bayern gewinnt später den 10. deutschen Meistertitel, ein Ersatz für das verlorene Endspiel ist das nicht.

Hans-Peter Briegel: Die Walz' aus der Pfalz

Belächelt hatten viele „Experten" den Lauterer, als er nach Italien abwanderte. Also dorthin, wo eher die „Rastellis" versammelt sind. Doch Briegel avancierte zu einem der Stars der italienischen Liga, gewann mit Hellas Verona auf Anhieb die Meisterschaft und wechselte 1986 zu Sampdoria Genua.

Karlheinz Förster: Ein Schwabe wandert aus

Als es in der alten Heimat drunter und drüber ging, faßte Karlheinz Förster, 81maliger Nationalspieler und zehn Jahre im Dienst der Schwaben, plötzlich den Entschluß, zu Olympique Marseille abzuwandern. Der Verein, der in der Saison 85/86 noch gegen den Abstieg kämpfte, hatte eine hervorragende Saison: Zweiter in der Meisterschaft, Zweiter im Pokal!

Pierre Littbarski: Ein Berliner in Paris

Im Juni 1986, nach Mexiko, zog der pfiffige Berliner aus, um mit Racing Paris, einem Aufsteiger, in den oberen Tabellenregionen mitzumischen. Doch bald zerstoben die hochtrabenden Pläne. Litti fand sich plötzlich auf der Ersatzbank wieder, dann in der dritten Liga. Und so begann für Littbarski ein neues Kapitel: seine Rückkehr. Und wohin? Natürlich zum 1. FC Köln!

Karl-Heinz Rummenige: Vorzeitiges Ende?

Er war einer der erfolgreichsten deutschen Fußballer, Torschützenkönig der Bundesliga, Deutscher Meister und Pokalsieger, Europa- und Weltcup-Gewinner, bester Spieler der Europameisterschaft 1980 in Italien, zweimaliger Fußballer Europas und zweimal Zweiter bei Weltmeisterschaften. Doch plötzlich, nach einem Intermezzo in Mailand, stand der 95malige Nationalspieler vor dem sportlichen Nichts!
Jetzt landete er bei Servette Genf.

Uli Stielike: Dreimal Meister in drei Ländern

Im Juni '87 bejubelte die ganze Stadt den ersten Meistertitel in der 75jährigen Vereinsgeschichte von Xamax Neuchâtel. Großen Anteil daran hatte ein Mann: Uli Stielike, der von Real Madrid in die Schweiz gewechselt war. Stielike ackerte und rakkerte in jedem Spiel. „Der beste Profi, den ich kenne", urteilte der Präsident. „Ein Vorbild für alle Mitspieler", lobte der Trainer. Am 19. Juni dieses Jahres mußte sich Uli Stielike einer schweren Operation unterziehen. Drei Monate Pause stehen fest, dann wird man weiter sehen.

Hansi Müller: Das Glück der späten Jahre

Hansi Müller schaffte es, beim Innsbrucker FC Tirol noch einmal ins internationale Rampenlicht zu rücken. Die Innsbrucker wären fast Meister geworden. Und im Europapokal drangen sie bis ins Halbfinale vor. „Hansi Müller ist der Alpenkönig", schrieb man. Müller hat in Innsbruck spät sein Paradies gefunden. Doch vier Platzverweise innerhalb einer Saison bewegten die Gemüter. Er wurde gesperrt und erhielt die höchste Geldstrafe, die in Österreich jemals einen Fußballspieler traf. Es liegt nun an ihm selbst . . .

Die Länderspiele

24. 9. 1986 in Kopenhagen
Dänemark : Deutschland 0 : 2

Für die Dänen sollte es eine WM-Revanche werden, nicht etwa für die Niederlage, sondern kurioser Weise für den 2 : 0-Sieg beim Gruppenspiel in Queretaro. Die Dänen, durch diesen Sieg Gruppensieger, schieden gegen Spanien mit einer 1 : 5-Niederlage aus.
Das erste Länderspiel nach der WM brachte zwei bemerkenswerte Debüts: Der zwanzigjährige Jürgen Kohler bot eine ebenso überzeugende Leistung wie Thomas Hörster, der erst durch die Absage von Herget und die Verletzung von Augenthaler als Libero ins Aufgebot kam. Nachdem er erst morgens um 11 Uhr erfahren hatte, daß er spielen sollte, hieß der neue Stammlibero nun Thomas Hörster.
Der kleine Alan Simonson, einer der besten europäischen Fußballspieler, beendete an diesem Abend seine lange internationale Karriere. Für andere, wie Hörster und Kohler, war dies ein internationaler Beginn.
Die gesamte deutsche Mannschaft bot eine überzeugende Leistung, spielte herrlichen Konterfußball und erzielte durch Thon (24.) und Allofs (43. Minute) zwei sehenswerte Tore. Der Neuanfang wurde nicht nur in Deutschland mit euphorischen Kritiken bedacht.

Klaus Allofs sorgte mit seinem Treffer zum 2 : 0 gegen Dänemark für eine gelungene WM-Revanche.

„Wer soll denn bloß ein Tor gegen Deutschland schießen?" – 2 x Polster, der hier jubelnd die Arme hochreißt und 2 x Kienast.

15. 10. 1986 in Hannover
Deutschland : Spanien 2 : 2

Im Spiel gegen Spanien gab es schon den ersten Dämpfer.
Die Spanier, bei der WM im Viertelfinale gegen Belgien durch Elfmeterschießen etwas unglücklich

Der Torjäger Rudi Völler (oben) und der Spielmacher Olaf Thon (links) zeigten gute Leistungen gegen Italien.

ausgeschieden, boten einen technisch überlegenen Fußball und gingen durch Butrageno mit 1:0 in Führung. In der zweiten Halbzeit debütierte Wuttke vom 1. FC Kaiserslautern, und Augenthaler ersetzte Hörster. Dies sollte Augenthalers einziger internationaler Einsatz in dieser Saison bleiben. Wuttke führte sich glänzend ein, sein Hackentrick zu Waas, der den Ausgleich zum 1:1 erzielte, gehörte zu den Höhepunkten dieser Begegnung. Nach dem Führungstreffer durch Rahn durfte auch Dieter Eckstein sein erstes Länderspiel bestreiten.

29. 10. 1986 in Wien
Österreich : Deutschland 4:1

Auf Sieg und Unentschieden folgte die Niederlage in Wien – dem angeblichen Skandalspiel. Für Franz Beckenbauer hieß der Sündenbock Luigi Agnolin. Vor dem Anpfiff galt der FIFA-Schiedsrichter auch bei Beckenbauer als einer der besten Unparteiischen der Welt, nach dem Abpfiff des Freundschaftspiels hielt er ihn für einen gemeingefährlichen Mann, den man aus dem Verkehr ziehen müsse. Ich wollte Beckenbauer beim anschließenden Fernsehinterview helfen. Mit meinen Versuchen, Beckenbauer zu einem beherrschteren Urteil zu bewegen, erreichte ich jedoch genau das Gegenteil und er redete sich, als ich ihn nach den zwei Elfmetern fragte, immer mehr in Rage. Sein Assistent Horst Köppel, der am nächsten Tag Gast im ZDF war, räumte nach einer Analyse der umstrittenen Szenen ein, daß Agnolin wohl doch nicht so falsch gepfiffen hatte. Die 1:4-Niederlage gegen Österreich auf die zwei Elfmeter zu schieben, wäre wirklich auch etwas zu einfach gewesen. Die größten Schwächen wurden im Defensivbereich deutlich, wo weder Berthold noch Buchwald, Wolfgang Funkel und Frontzeck überzeugen konnten. Das auffälligste an Lothar Matthäus war sein Platzverweis. Vor dem Spiel lautete ein häufig getipptes Ergebnis 4:1 – für Deutschland natürlich –, worauf ein deutscher Nationalspieler fragte: „Und wer soll das Tor für Österreich schießen?"

25. 3. 1987 in Tel Aviv
Israel : Deutschland 0 : 2

Noch nie war das Ergebnis eines Ländespiels unwichtiger als das von Tel Aviv. Und noch nie wurde dem Auftreten einer deutschen Nationalmannschaft außerhalb der neunzig Spielminuten soviel Aufmerksamkeit geschenkt. Doch sie alle, und das muß man der Mannschaft hoch anrechnen, ließen sich von der Geschichte einholen, spätestens in Tel Aviv.
Elf junge Kicker, die eigentlich nur Fußball spielen wollten, spürten, daß ein Nationaltrikot auch Verpflichtung bedeutet, die Verpflichtung nämlich, ein Land über den Fußball hinaus zu repräsentieren. Nie war dieser Auftrag deutlicher als am 25. März in Tel Aviv. DFB-Präsident Neuberger machte diesen Auftrag in all seinen Nuancen klar. Deutschland gewann an diesem verregneten Abend nicht nur wegen der zwei Tore, die der überragende Thon und Matthäus erzielten.

Ein historischer Augenblick im Deutschen Fußball. Die DFB-Delegation in Israel bei der besichtigung der Gedenkstätte.

Rudi Völlers 23. Tor im 42. Länderspiel. Durch die Beine von Joel Bats erzielt er das 1:0 gegen den Ex-Europameister Frankreich! Das Spiel endete 2 : 1, beide Tore der deutschen Mannschaft schoß Rudi Völler. Vor allem in der ersten Halbzeit boten die Mannen Franz Beckenbauers hervorragenden Fußball.

18. 4. 1987 in Köln
Deutschland : Italien 0 : 0

Nach zahlreichen Debüts registrierte man in Köln das erste Comeback. Pierre Littbarski kam zuerst über die Nationalmannschaft in seine alte Fußballheimat zurück, seine endgültige Rückkehr sollte wenige Monate später folgen. Auf der Tribüne des Müngersdorfer Stadions saß Toni Schumacher – manche behaupteten, als Ehrengast des DFB –, der mit Argusaugen seinen Nachfolger Eike Immel vom VfB Stuttgart beobachtete. Deutschlands neue Nummer Eins wurde in diesem torlosen Länderspiel jedoch kaum geprüft. Obwohl fünf Nationalmannschaftskandidaten nicht antreten konnten oder wollten – wenige Tage später wirkten sie in der Bundesliga wieder putzmunter mit –, gehörte diese Begegnung sicher zu den besseren Länderspielen. Herget vertrat diesmal den erneut verletzten Klaus Augenthaler; Kohler, Buchwald und der Münchner Ingenieur Pflügler standen vor ihm in der Abwehr. Für die Europameisterschaft 1988 könnte man sich allerdings auch gut das Comeback von Karl-Heinz

Förster vorstellen. Im Mittelfeld brachte sich Pierre Littbarski nachdrücklich in Erinnerung, und Thon sowie Wuttke setzten in der Nationalmannschaft stärkere Akzente als Lothar Matthäus, der Franz Beckenbauer nicht restlos überzeugen konnte. Aber auch zum erfolgreichsten Torjäger der Bundesliga, dem Gladbacher Uwe Rahn, der in der Nationalmannschaft gelegentlich im Mittelfeld mitwerkeln darf, fehlte dem Teamchef bisher die richtige Beziehung.
Die guten Italiener machten in Köln deutlich, daß die deutsche Stammformation noch längst nicht steht. Beckenbauer sollte die neue Saison nicht nur zum Experimentieren, sondern auch zum Einspielen nutzen.

Eberhard Figgemeier

Das Double im Damenfußball schafften die Spielerinnen vom TSV Siegen. Dem deutlichen 5 : 2 Pokalsieg gegen den Außenseiter STV Lövenich folgte ein 2 : 1 Sieg über FSV Frankfurt.

Handball

Auch Deutschlands Herren nur noch zweite Wahl

Der deutsche Handball ist international zweitklassig. Was allein zählte in dieser Saison, war ein Turnier – oder genauer gesagt – ein einziges Spiel, nämlich die Begegnung gegen die CSSR im Rahmen der B-Weltmeisterschaft im Frühjahr in Südtirol. Bundestrainer Simon Schobel setzt noch einmal auf „seinen Jahrgang 63“, jene Mannschaft, die 1983 in Finnland Vizeweltmeister der Junioren geworden war und die 1984 in Los Angeles olympisches Silber gewonnen hatte.
Mannschaft und Trainer gingen zuversichtlich in dieses Turnier. „Wir sind stark“, ließen sich die Spieler im Discosound vernehmen, und der Bundestrainer ergänzte: „Sollten wir scheitern, trete ich zurück!“
Sie scheiterten. Gegen eine nur durchschnittliche

Das letzte Spiel: Kapitän Ulrich Roth erzielt eins seiner drei Tore beim 25 : 18-Sieg der deutschen Nationalmannschaft über Bulgarien im Rahmen der B-WM in Brixen. Es war gleichzeitig sein letztes Spiel als Kapitän; und es war auch das letzte Spiel der Ära Schobel.

Gescheitert:
Bundestrainer Simon Schobel – neben ihm Assistenztrainer Heiner Brand – war bis zuletzt vom Können seiner Spieler überzeugt: „Ich habe eine Supermannschaft!" Als es darauf ankam, versagte sie wieder einmal. Schobel trat zurück.

Trainer der Saison:
Johan Ingi Gunnarsson kam als Ivanescu-Nachfolger nach Essen und verteidigte mit Tusem den deutschen Meistertitel. Den ganz großen Coup im Europapokal verpaßte der Isländer durch Verletzungspech in der Mannschaft, nach einer glanzvollen Leistung nur um ein einziges Törchen ...

Hoffnungsträger:
Der neue Bundestrainer Petre Ivanescu gilt in der Branche als „harter Brokken". Überall, wo er war, hatte er Erfolg. Arbeit, Leistung und Charakter ist seine Devise.

Mannschaft aus der CSSR führten die Schobel-Schützlinge in der Schlußphase 19 : 18 und kassierten dann fünf Gegentore in Folge:
Aus, vorbei, die Qualifikation für die Spiele in Seoul war verpaßt! – Sie scheiterten wie 1983 bei der B-WM in Holland oder 1986 bei der A-WM in der Schweiz.
Der deutsche Handball rutschte international auf Rang 10 ab. Er kann nun frühestens 1990 in der CSSR wieder bei einer A-WM dabei sein.
Ausgeglichenheit in der Weltspitze, keine leichten Spiele mehr und damit ständig Streß-Situationen für Spieler und Betreuer – das ist seit Jahren der internationale Trend. Daran sind Simon Schobel und sein oft gerühmter Jahrgang allzu oft gescheitert.
Schobel ging; er hatte auf die Mannschaftsleistung gesetzt, eine Persönlichkeit wie Erhard Wunderlich paßte nicht in sein Konzept.

Ein Großer:
Arno Ehret gehört zu den Großen im deutschen Handball: Mitglied der Weltmeistermannschaft 1978 und mit 1275 Toren immer noch Nr. 1 der ewigen Bundesliga-Torschützenliste. Als es um die Position des Bundestrainers ging, entschied er sich für die Schweiz.

Europapokal:
Die beiden Begegnungen zwischen Tusem Essen und SKA Minsk waren die absoluten Saisonhöhepunkte. Gegen die beste Vereinsmannschaft der Welt fehlte Essen nur ein bißchen Glück.

In Schwierigkeiten war der VfL Gummersbach während der ganzen Saison. Daß es zum Schluß doch noch zum 3. Platz reichte, verdankt der Rekordmeister seiner Abwehr, vor allem Weltklassetorhüter Andreas Thiel.

Ivanescu, der neue Bundestrainer, beklagt gerade das Fehlen von Spielerpersönlichkeiten, und er hat damit sicher recht. Heiner Brand, in der neuen Spielzeit Trainer beim VfL Gummersbach, und Arno Ehret, der Schweizer Nationaltrainer blieb, waren in ihrer aktiven Zeit solche Spielerpersönlichkeiten. Sie sind nur zwei Beispiele aus der Weltmeistermannschaft von 1978, in der jedes Mitglied Verantwortung übernehmen und Spiele entscheiden konnte. Kurt Klühspies, einer aus dieser großen 78er Truppe, erzählte mir einmal: „Als ich Weltmeister wurde, stand ich schon mitten im Beruf und war außerdem gerade dabei, mein Haus zu bauen." Der Schritt zum „Profi" ist längst gemacht worden, auf der Strecke geblieben ist dabei allzu oft, was man ein „gestandenes Mannsbild" nennt.

Überragend:
Erhard Wunderlich als Matchwinner beim 25 : 24-Sieg von Neuling Milbertshofen gegen Vizemeister Großwallstadt. Wunderlich ist eine der wenigen Spielerpersönlichkeiten der Liga und immer noch einer ihrer besten Werfer.

Verlierer:
Der MTSV Schwabing gehört zu den großen Verlierern der Saison. Im Europacup verloren die Münchner unkonzentriert gegen Amicitia Zürich, und in der Bundesliga lief ihnen Lokalrivale Milbertshofen und der VFL Gummersbach den Rang ab.

Es gibt heute, nicht nur im Handball, zu viele "lockere Leichtgewichte". Ivanescu weiß das.
Im Europapokal erreichten alle drei Bundesligisten die Runde der letzten Vier – eine Leistung, die wenigstens den Klubmannschaften international ein gutes Zeugnis ausstellt.
Meister Tusem Essen zeigte in seinen beiden Halbfinal-Spielen gegen SKA Minsk das Beste, was von deutschen Handballern in den letzten Jahren zu sehen war.
Daheim 23 : 23 gegen eine Minsker Mannschaft, die weitgehend identisch ist mit der wiedererstarkten sowjetischen Nationalvertretung. Im Rückspiel trat der deutsche Meister ohne die verletzten Nationalspieler Hekker, Happe und Fraatz an, also mit der halben Reserve. Essen holte einen 1 : 6-Rückstand auf und führte Mitte der zweiten Hälfte 22 : 18; am Ende fehlte ein Tor!
Pokalsieger Schwabing spielte gegen Amicitia Zürich ohne Biß, während der VfL Gummersbach gegen Granitas Kaunas in erster Linie an seiner überraschenden Auswärtsschwäche scheiterte.
Alle drei Europapokale gingen übrigens an Klubs aus der UdSSR – ein Novum in der Geschichte dieser Wettbewerbe.
Die Abschlußtabelle der Bundesliga täuscht auf der wichtigsten Position etwas vor, was es gar nicht gegeben hat: ein spannendes Meisterschaftsrennen. Titelverteidiger Tusem Essen war lange unbesiegt, führte mit Vorsprung und sicherte sich früh den Titel; zum Schluß ließ der Meister die Zügel etwas schleifen. Darunter litten auch seine Leistungen im Pokal,

**Der Meister:
Tusem Essen verteidigte seinen Titel souverän. Verschleißerscheinungen im Endspurt verdarben im deutschen und europäischen Pokal den ganz großen Wurf.**

denn bei der günstigen Auslosung – nur Heimspiele – war das „Double" durchaus drin.
Keine Frage: Essen war mit alter Mannschaft und neuem Trainer – Gunnarsson für Ivanescu – der Konkurrenz weit voraus.
Die Seriensieger der 70er und frühen 80er Jahre, Großwallstadt und Gummersbach, auf den nächsten Plätzen taten sich auch diesmal schwer.
Großwallstadt spielt einfach zu unbeständig – trotz des ausgezeichneten Spielerkaders und trotz eines Jiri Vicha, der viel für die Spielkultur der Mainfranken getan hat.
Daß buchstäblich in letzter Sekunde der deutsche Pokal gegen eine gleichwertige Turu-Mannschaft aus Düsseldorf gewonnen wurde, war der Abschluß einer Saison, in der mehr geplant war.
Gummersbach ist im Umbruch. Der überragende Andreas Thiel und die beste Abwehr der Liga sicherten erst im Endspurt den 3. Platz, der die Mannschaft im internationalen Geschäft läßt.
Alle, die folgen, gehören – auch mit Perspektive auf die neue Saison – zum Durchschnitt, auch Kiel als Publikumsmagnet Nummer 1. Eine Ausnahme bildet da wohl nur Neuling Milbertshofen.
Erhard Wunderlich war eine der wenigen konstanten Größen in dieser Spielzeit. 221 Tore – nur Klempel war mit 239 Treffern erfolgreicher – sicherten Milbertshofen Platz 5. In der neuen Saison soll's noch besser werden: Oleg Gagin kommt aus der UdSSR, dazu die Weltmeistertrainer Jewtuschenko und Klimow – sie werden für die Liga eine neue Attraktion sein und vielleicht neue Impulse bringen.
Denn das ist das, was die Bundesliga am nötigsten braucht. Sie lebt immer noch zu sehr vom Krafthandball. Das spielerische Element zu betonen, Risikobereitschaft und Verantwortungsbewußtsein zu fördern bei Spielern und Trainern – das wären lohnende Ziele für die neue Saison, das würde den deutschen Handball auch international wieder nach oben bringen.

Bernd Kramer

Basketball

Der Weg nach oben ist hart: Griechen stürzen den Favoriten

„Das größte nationale Ereignis seit Jahren", schrieb am 13. Juni 1987 vermessen ein Athener Blatt. Was war geschehen?
Zwölf griechische Basketballspieler hatten entgegen den Prophezeihungen der Experten im Halbfinale der Europameisterschaft Jugoslawien mit 81 : 77 besiegt. Im Endspiel, das war allen, die von diesem Sport etwas verstehen, klar, ließe sich solch ein Wunder nicht wiederholen.
Die Story ist bekannt: Die Griechen pfiffen abermals auf die Fachleute, besiegten die Sowjetunion mit 103 : 101 und sind seitdem Europameister.
Beide Erfolge sind sensationell. Den 81 : 77-Sieg der Griechen über Jugoslawien feierte ganz Athen bis in den frühen Morgen. Es war aber auch wirklich phantastisch, was sich vor 16 000 Zuschauern in der Friedens- und Freundschaftshalle abgespielt hatte.
Jugoslawien, neben der UdSSR der große Favorit, beherrschte nach anfänglichen Schwierigkeiten das Spiel sicher. Die auch körperlich deutlich überlegene Mannschaft führte zur Halbzeit 45 : 35. Die Kulisse akustisch zahm, der Schwung der Hellenen scheint schon gebrochen. Im siebten Spiel innerhalb von nur zehn Tagen macht sich bemerkbar, daß Griechenlands Coach Costa Politis seinen Star Nikos Galis im gesamten Turnier nur einmal für drei Minuten verschnaufen ließ. Sonst stand Galis von der ersten bis zur letzten Sekunde auf dem Spielfeld, bewacht wie kein anderer. Acht Punkte in der 1. Halbzeit gegen Jugoslawien, wenig, zu wenig für einen, der sonst pro Spiel etwa 40 Punkte wirft.
25 Minuten sind vorüber, keine Änderung. Dann verfehlt Drazen Petrovic, Jugoslawiens bester Schütze, aus guter Position, und im Gegenzug gelingt Galis endlich sein erster Korb in der zweiten Halbzeit.
Ein Beifallsorkan – unerfindlich, es war ja nichts besonderes passiert – packt die müden, fast schon resignierenden Griechen und rüttelt sie wach. Nicos Galis, nur 1,83 m groß, beginnt endlich seinen Tanz mit dem Ball. Unnachahmlich: sichere Dribblings, Körpertäuschungen, die jeden Gegner auf den falschen Fuß hieven, Sprungwürfe, bei denen er in der Luft zu stehen scheint und schließlich, nach schnellen Täuschungen, der Wurf hinter dem Kopf so steil angesetzt, daß er selbst die in Korbnähe stehenden Riesen Vrankovic (2,15 m) und Radovanovic (2,10 m) überwindet. Ein Austausch von Kraft hatte stattgefunden, spürbar auch dem Außenstehenden, daß hier, unsichtbar, aber sehr wirksam, etwas von den Tribünen aufs Parkett geflossen war, das den Griechen Beine machte und die Jugoslawen lähmte. Galis, Held der 2. Halbzeit mit insgesamt 30 Punkten, und die gesamte griechische Mannschaft werden frenetisch gefeiert, Jubel, südländische Begeisterung, die kaum noch steigerungsfähig zu sein scheint.

Beim Supercup konnte die deutsche Nationalmannschaft die Griechen bezwingen – in Griechenland feierte die gastgebende Mannschaft einen einmaligen Triumph, besiegte alle Favoriten und wurde neuer Europameister.

Nikos Galis

Zu klein für die US-Profiliga NBA und dort im Sommer 79 ausgemustert, akzeptiert er ein Angebot von Aris Saloniki und wandert aus ins Land seiner Väter. Geboren wurde „Nick Georgalis" im Mai 1957 in New Jersey/USA als Sohn griechischer Einwanderer aus Rhodos. Seine Art zu spielen ist keinesfalls „typisch amerikanisch", sondern eher „typisch Galis". Was er zaubert, steht in keinem Lehrbuch. Kein Coach auf der ganzen Welt beordert seinen kleinsten Spieler im Angriff unter den Korb, um dort ständig die Konfrontation mit den Riesen zu wagen. Galis aber sucht und findet meist den Weg zum Korb, wo er die Langen dann oft der Lächerlichkeit preisgibt. Im Endspiel ereilte Tkatschenko (UdSSR) dieses Los. Fünf oder sechsmal überwand ihn (2,20 m) der listige Grieche (1,83 m). Galis macht all denen

Mut, die gern Basketball spielen, aber nicht dem Reich der Giganten entstammen. Vor vier Jahren bei der Europameisterschaft in Frankreich, dann 1986 bei der Weltmeisterschaft in Spanien und jetzt in Athen – Galis warf die meisten Körbe. In Athen 296 Punkte in acht Begegnungen – das entspricht 37 Punkten pro Spiel, obwohl er wie kein anderer das Augäpfelchen gegnerischer Dekkungsspezialisten war.

Finaltag in Athen

Endlich durfte auch die deutsche Mannschaft vor großem Publikum antreten. Italien hieß der Kontrahent im Spiel um Rang 5, das vor dem Finale UdSSR – Griechenland stattfand. Noch nie hatte das deutsche Team in einem Meisterschaftswettbewerb gegen die cleveren Südeuropäer gewonnen, lediglich drei Siege in Freundschaftsspielen schönen ein wenig die Bilanz.
In allen großen Turnieren der letzten Jahre kreuzten die Italiener den Weg der Deutschen. Im ersten Gruppenspiel in Athen gewann Italien 84 : 78, im Spiel um Rang 5 mit 87 : 84. Sie sind zu pakken, diese Italiener. Das war so beim Olympischen Turnier in Los Angeles, bei der Europameisterschaft 1985 in Deutschland, ein Jahr später bei der Weltmeisterschaft in Spanien und jetzt gar zweimal in Athen. Immer war da das Gefühl, als könnten die Deutschen eine psychische Barriere nicht überwinden.
Seit der Europameisterschaft 1983 in Frankreich (8. Platz) hat die deutsche Nationalmannschaft die Spur der Großen gefunden, doch in die Phalanx von UdSSR, Jugoslawien, Spanien und Italien gelang ihr noch kein Einbruch. Einmal wie die Griechen zaubern, wie in Trance spielen und treffen, vergessen, daß der Gegner der große Favorit ist – dem deutschen Temperament scheint dies nicht gegeben. Kontrollbasketball, fast jeder Spielzug wird angezeigt, zu selten blitzt unberechenbarer Individualismus auf. Michael Jackel, seltener Michael Koch, zeigen Risikobereitschaft, werden angetrieben vom Feuer der Spielleidenschaft. Jackel, vom Deutschen Meister Saturn Köln, war mit 190 Punkten (23,7 pro Spiel) Fünfter in der Rangliste der besten Korbschützen. Erwähnenswert auch, daß Christian Welp, der vom US-Profi-Club Philadelphia verpflichtet wurde, bester Rebounder des Turniers war. 98mal fischte er von Ring und Brett abprallende Bälle (12,2 pro Spiel). Rang 6 ist gewiß ein Erfolg, doch insgeheim richtet sich die Hoffnung auf höhere Weihen. Im großen und ganzen sind die Leistungen stabil, erstaunlich zuverlässig sogar, denn keine andere europäische Nationalmannschaft ist solch großen personellen Änderungen unterworfen wie die deutsche. Detlev Schrempf und Uwe Blab sind Profis, andere starke Spieler geben dem Studium den Vorzug. Bundestrainer Ralph Klein, der nach der EM nach Israel zurückkehrte, bettelte sich sein Team regelrecht zusammen.
Die Bundesliga honoriert inzwischen die Leistungen ihrer Besten recht ordentlich. Von professionellen Verhältnissen wie sie im Ostblock, in Griechenland, Italien, Spanien und Frankreich herrschen, ist sie aber noch weit entfernt.
Zurück zum Endspiel, zu den sensationellen Griechen. Galis ist wieder der Größte, 40 Punkte trotz pausenloser engster Manndeckung. 45 Minuten lang hält dieser Konditionsriese durch; vergißt keineswegs seine Defensivaufgaben und glänzt auch mit gefühlvollen, überraschenden Pässen. Ein perfekter Spieler, der unter äußerster Belastung im Finale, dem achten Spiel innerhalb von zwölf Tagen, schier Unglaubliches leistet. 89 : 89 nach 40 Minuten, Jovajsha

Trainer Klein inmitten seiner „langen Kerls“

Kampf um die Vorherrschaft unterm Korb – nicht immer sind die Längsten auch die Besten. Hier eine Spielszene aus dem Spitzenspiel der Bundesliga zwischen dem späteren Meister Saturn Köln und Bayer Leverkusen.

(UdSSR) wirft zu spät, der Ball verläßt Sekundenbruchteile nach dem Schlußhorn die Hand. Kurze Debatte, Entscheidung: Verlängerung. Und immer noch hat Nikos Galis, inzwischen seinen vierten Wachhund aufreibend, die Kraft zu spielen und zu punkten. Das Publikum beweist, daß es tatsächlich noch steigerungsfähig ist nach dem großen Halbfinale. Auch diesmal gibt es Augenblicke, in denen die Griechen dem übermächtigen Titelverteidiger zu unterliegen scheinen und wieder und wieder kommt Hilfe von den Tribünen. Nach dem 103 : 101-Sieg dann die Feier: 30 Minuten lang umtosen Beifallsorkane Galis und seine Gefährten. Das Fest kann beginnen. Mein Freund Theos, Mitte August vom Heimaturlaub in Griechenland zurückgekehrt: „Sie feiern noch immer."

Rüdiger Luding

MIKASA

Volleyball

Die Damen machten es diesmal den Herren vor

Von Gleichberechtigung, so sehen es jedenfalls die Herren Volleyballspieler, kann keine Rede sein. Alles für die Damen. Immer nur die Damen. Wer nimmt in diesem Jahr an der Europameisterschaft teil? Die Damen. Wer hat im Europacup mehr erreicht als nur die Teilnahme an Vorrunden? Die Damen. Wem steckt der Präsident alles zu? Den Damen . . .
Die Herren sind nicht ganz ohne Grund eifersüchtig. Aber schließlich hat alles seine Ursachen. Warum also stagniert das Volleyballspiel der Herren auf internationale Ebene mehr als das der Damen? Das Spiel Volleyball ist erst durch die Olympischen Spiele 1968 in Mexiko in der Bundesrepublik populärer geworden. Damals drückten wir den sympathischen Damen- und Herrenmannschaften aus der DDR die Daumen. Vier Jahre später in München durften sich die Mannschaften des Deutschen Volleyballverbandes versuchen. Ein Verband zwar ohne Vergangenheit, ein Spiel

Schmetterschlag und Block: zwei Schlüsselaktionen, die eine spielentscheidende Rolle haben.

ohne Tradition, die Mannschaften ohne Chance – aber der Funke zu den Zuschauern war übergesprungen.
Ende der 70er Jahre kam mit Roland Mader ein Wirtschaftsmanager an die Spitze des Verbandes. Mader erkannte, daß Frauen einfacher zum Leistungssport zu konzentrieren sind als Studenten – die zu dieser Zeit die dominierenden Spieler der Bundesliga waren –, denen das Studium mindestens so wichtig war wie Leistungssport.
Mit den und für die konsequenteren Damen aber entstand Lohhof, ein Zentrum für Volleyballtalente. Ihnen zur Seite standen erfahrene Spielerinnen aus dem Ausland. Bundestrainer Andrzej Niemczyk führte Lohhof bald zu westeuropäischem Standard. Die Mannschaft – sie war mit der Nationalmannschaft fast identisch – erreichte Europacup-Endrunden. Und man gewann erstmals bedeutende westeuropäische Turniere. Talente rückten sehr schnell nach, was zu einer natürlichen Verjüngung führte. Die Spielerinnen der ersten Generation sind teilweise schon zurückgetreten und geben ihre Erfahrungen als Trainerinnen weiter. Leider nehmen trotz des Erfolgs von Lohhof die talentiertesten jungen Mädchen nicht unbedingt auch die – in sportlicher Hinsicht – besten Angebote wahr. Wer mit 16 Jahren zögert, ganz in den Leistungssport einzusteigen und seinen Aufstieg über kleinere Klubs sucht, verpaßt eventuell die ideale Entwicklungszeit.
Erfreulicherweise hat Lohhof inzwischen in der Bundesliga Konkurrenz bekommen, wenngleich auch die Mannschaft in entscheidenden Momenten auf Bundesligaebene noch nicht zu schlagen ist. Ein Endspielsieg vor 5000 Zuschauern gegen Feuerbach – wer hätte sich das vor einigen Jahren vorstellen können?
Und die Herren? Der HSV, Meister der letzten Jahre, bekam seine Grenzen international von ZSKA Moskau gezeigt. Europas Spitzenmannschaft spielte im Europacup lässig gleich beide Spiele beim HSV. Der deutsche Meister war, trotz des Heimvorteils, ohne den Hauch einer Chance. Inzwischen hat man von den Frauen gelernt und plant beim HSV ein Zentrum, das dem Lohhof-Modell vergleichbar wird.
Die Nationalmannschaft hat schließlich trotz bemühter Vorbereitungen die Europameisterschafts-Endrunde nicht erreicht. Doch es gibt ja noch den Mann aus Südkorea. Dai Hee Park hat dort zwanzig Jahre Volleyball gelenkt. Heute versucht er's im Volleyball-Internat von Hoechst mit 16- bis 20jährigen Schülern und

Lehrlingen. Das bedeutet Schule, Lehre und tägliches Training für junge Leute, die sich zum Leistungssport bekennen. Verband, Industrie und Sporthilfe fördern das Projekt. Im Vorjahr dritter bei der Europameisterschaft, in diesem Jahr bei der Weltmeisterschaft der gleiche Platz. Endlich einmal Erfolge für die Herren, die heranwachsenden Herren. Disziplin und Hingebung – beim Volleyball sind beide unverzichtbar. Mit asiatischer Geduld wird's gelehrt – und mit Spielwitz, der bei uns für dieses Spiel lange unbekannt war. Verwirrende Kombinationen am Netz. Beispielsweise der Aufsteiger, jener schnelle Angriffsball, der die absolute Harmonie zwischen Steller und Angreifer ausdrückt. Mannschaftlichkeit auf 81 Quadratmetern Spielfläche.
Aufsteiger kann das deutsche Volleyballspiel wirklich gebrauchen.

Wolfram Esser

Lohof und Feuerbach lieferten sich in dieser Saison erbitterte Kämpfe in Bundesliga und Pokal.

4
SEIKO
SEIKO

Leichtathletik

Das Jahr der Leichtathleten?

„1987 gehört uns!"

So verkündete es Primo Nebiolo nach der Fußballweltmeisterschaft 1986 in Mexiko. Der Turiner Bauunternehmer ist einer, der die Dinge anpackt, keine Frage. Manchmal ein bißchen vollmundig, ein andermal ein bißchen zu patriotisch. So ist er halt – und keiner aus dem erlauchten Kreis des IAAF Council stört die Kreise des emsigen, stets auf Publicity bedachten Italieners.
Die Voraussetzungen für das proklamierte Jahr der Leichtathletik waren gut. Erstmals fanden Hallenweltmeisterschaften in Indianapolis statt, zum zweiten Mal wurden Weltmeisterschaften, diesmal in Rom, ausgetragen.

Rom
Zum Auftakt der Frauen-Marathon. Die römische Kulisse war imponierend, ebenso der mehr als siebenminütige Vorsprung der Portugiesin Rosa Mota nach 42,109 Kilometern. Das Publikum feierte die Sieger wie im Rom der Cäsaren, trug die Italiener auf einer Woge frenetischen Jubels und quittierte das Bemühen der Konkurrenz bisweilen mit einem gellenden Pfeifkonzert. Das trübte den

Ben Johnson am Start

Gesamteindruck dieser zweiten Weltmeisterschaften etwas, im ganzen aber war es ein großes Fest der Leichtathletik.

Von 0 auf 100 in 9,83 Sek.!
127 Tausendstel Sekunden nach dem Startschuß reagierte Ben Johnson zum ersten Mal. Nach 9,83 Sek. genoß er den totalen Triumph. Weltrekord, Weltmeister, Sieg über Carl Lewis. Der Sprint hatte weltweit seine Faszination zurückerobert.

Ben Johnson, geboren in Jamaika, 1,78 m groß, 85 kg schwer mit einem Kreuz, das danach schreit, in Marmor gehauen zu werden. Ansonsten wird sein Körper von Muskeln gestrafft, die man bei einem Sprinter nicht erwartet. Das Großereignis hat ihm förmlich die Sprache verschlagen. Auf der öffentlichen Pressekonferenz provozierten 250 Journalisten aus aller Welt mit ihren Fragen kurze, knappe Antworten des Weltmeisters. Nur soviel davon – in der Höhe von Mexiko seien 9,75 Sek. möglich, und nächstes Jahr werde er 200 Meter laufen!
Die Fernsehregisseure aus der ganzen Welt lassen Bens Muskeln in allen Varianten spielen. Das Produkt jeder Kamera flimmert über Mattscheiben und Videomatrixwände. Eine Milliarde Menschen, so wurde von der RAI mitgeteilt, seien aus dem Staunen nicht mehr herausgekommen. Danach geht es familiärer, ungezwungener zu. Mama Johnson und Freundin

Schock für die Welt des Sprints! Ben Johnson nach 9,83 Sek. im Ziel, der Rest der Welt deklassiert.

Jade, in der englischen Popszene als Sängerin zu Hause, schließen Ben um 23 Uhr für den restlichen Abend endgültig in ihre Arme. Ab dem Tag Eins danach regieren die Manager, die die heiße Ware „Ben" nach allen Regeln des Public-Relations-Geschäfts vermarkten. Deshalb sei auch niedergeschrieben, was er im

Hinblick auf die Beständigkeit des neuen Weltrekords über 100 Meter sagte:
„50 Jahre wird dieser Rekord wohl sicher halten!" Geht es nämlich nach dem Willen seiner Manager, dann wird Ben in den nächsten Jahren noch weniger reden als bisher, und wenn überhaupt, dann nur für eine Menge Dollars.

Johnsons Jubel nach dem Sieg ist verhalten, Lewis ist die Betroffenheit anzumerken.

Zehnkampf:
„Eine unendliche Geschichte" kurz erzählt

Thompson, Hingsen, Wentz, seit 1982 gilt diese Reihenfolge, aber schon im Vorfeld der Weltmeisterschaften waren Zweifel im Fortbestand angezeigt.

Thompson meldete im Sommer verletzt – Wettkampf fraglich.

Hingsen brach sich früh zwei Rippen, setzte in der Zwangspause zuviel Gewicht an, lebte Diät bis fast einen Tag vor dem Großereignis und geriet außer Form. Eine Verletzung im Hochsprung setzte ihn, nach schwachem Beginn, endgültig außer Gefecht.

Wentz brillierte mit Jahresweltbestleistung, entschied sich aber, wegen einer Schleimbeutelentzündung an der Achillessehne, erst zwei Tage vor dem Start für die Teilnahme. Schon nach dem 100-m-Lauf bot sich plötzlich eine völlig veränderte Konstellation.

Thompson offensichtlich nicht in Form. Hingsen mäßig, Wentz gut, Voss relativ besser.

Fortan ließ der Zehnkämpfer aus der DDR die Szene wissen, über wen die Krone der Leichtathletik zu haben ist.

Für Voss mit 8680 Punkten (DDR-Rekord) Gold in Rom. Ein unerwarteter Erfolg. Für Hingsen eine Pleite, für Wentz war die Silbermedaille eine Enttäuschung, für Thompson auch noch Platz 9 ein Gewinn. Der Brite, sonst nur für die winner show zu haben, zeigte Nehmerqualitäten, und sein sonst Geringschätzigkeit verratendes Lächeln nahm zusehends sympathischere Züge an. Am Ende des zweiten Tages feierte der Olympiasieger seine Bezwinger, so, als habe sich die Welt des Zehnkampfs überhaupt nicht verändert.

Zehnkampf-Weltmeister Torsten Voss/DDR – in Rom nicht nur bester Weitspringer seiner Zunft (links).

Zeitplan und Regen waren unerbittlich. Daily Thompson beim 400 m Start (unten).

Sigi Wentz beim Stabhochsprung – Silber und doch nicht wunschlos glücklich?

Wie lange noch? Moses vor Harris und Schmid

Nur mit dem Lineal läßt sich die Reihenfolge ermitteln. Moses 47,47: Harris 47,48; Schmid 47,48

Siegen will gelernt sein

122mal in Folge hatte es geklappt. Bis dieses verflixte Rennen von Madrid kam. Die Inszenierung stimmte, von den Großen der Szene war nur Edwin Moses geladen, der Grand Seigneur der Leichtathletik. Harald Schmid war zu dieser Zeit, im Juni '87, noch nicht zu einem solchen Rennen bereit. Danny Harris, der shooting star 1986, tingelte durch Europa, hörte vom Madrider Rennen, buchte kurzerhand um, und – vielleicht ein Regiefehler – fand Einlaß und Brot beim Veranstalter. Das Resultat ist bekannt. Harris siegte knapp vor Moses. Das Denkmal hatte Patina angesetzt. Wie würde es weitergehen?

Würde Superstar Edwin Moses straucheln, sein Selbstbewußtsein einbüßen und endgültig vom Thron gestürzt werden? Die Dinge liefen fortan zwar nicht mehr so geschmiert wie ein ganzes Jahrzehnt hindurch, aber die Sache klappte. Danny Harris bedrängte Moses beim Istaf in Berlin heftig, aber der Liebling der Berliner fiel nicht. Harald Schmid lieferte ihm im Vorfeld der Weltmeisterschaften ein Fernduell. In Köln 47,60 Sek., in Zürich 47,88 Sek. Die Zeichen für Moses standen auf Sturm. Das Finale der Weltmeisterschaften in Rom schließlich wird in die Geschichte der Leichtathletik eingehen. 3/100stel hätten für die geschlagenen Danny Harris und Harald Schmid bereits zum Sieg gereicht. So gelöst und glücklich wie nach diesem Sieg in Rom habe ich Ed Moses nie zuvor gesehen.

Harald Schmid, der seinen fünf Jahre alten Europarekord einstellte, mochte auch Minuten nach der Niederlage um 2/100stel nicht glauben, daß er der Verlierer war: „Erst will ich das Zielfoto sehen." Aber auch das half schließlich nicht. Die Entscheidung, so bitter sie Harald Schmid

1
2
3
4

USA

olivetti

ellesse
TDK
41

8,67 m

Obere Bildreihe: Carl Lewis – Siegessprung und endlich das ersehnte Gold

Francesco Panetta, eingewickelt in die Landesfahne, umarmt seine herbeigeeilte Frau.
Linke Seite: Panetta am letzten Hindernis, den Sieg vor Augen, die Begeisterungsschreie in den Ohren.

schmeckte, so gelassen sie Danny Harris hinnahm, so überschwenglich sie Ed Moses feierte, sie war korrekt. Moses – Harris – Schmid. Myrella Moses lüftete schließlich das Geheimnis des neuerlichen Erfolges ihres Mannes. Noch nie hatte sie alle Glücksbringer auf einmal zum Rennen mitgenommen. Pfundweise hingen sie an ihr. Ihr Schlußkommentar hätte auch aus dem Munde von Ed stammen können: „Lange halte ich das wohl nicht mehr durch!"

Corri ragazzo corri!

In Kalabrien geboren, in Mailand zur Zeit von Berufs wegen zu Hause, geplagt von Heimweh nach dem Süden Italiens: Das ist das emotionale Spannungsfeld des 23jährigen Italieners Francesco Panetta, bei der Weltmeisterschaft in Rom mit Gold und Silber dekoriert. Das allein hätte noch nicht gereicht, seine Lebensgeschichte zu verfilmen. In Venedig hatte der Film „corri ragazzo corri" („Lauf, Junge, lauf") drei Tage vor dem großen Weltmeisterschaftsfinale über Hindernis Weltpremiere. Seitdem ist er in Italien ein Kassenschlager. Der Verlauf des 3000-m-Hindernisrennens von Rom war von Tragik und Leidenschaft in einem Maße geprägt, die auch dem Kenner der Leichtathletikszene den Schauer über den Rücken laufen läßt. In der dritten Runde stürzte der Mitfavorit Kigkemboh aus Kenia, danach brannte Francesco Panetta ein Feuerwerk ab, das die 68 000 italienischen Zuschauer schier aus dem Häuschen gerieten ließ. Fünf Runden im Alleingang, der übrigens beim Hindernisrennen keineswegs einen Nachteil darstellt, den Europarekord stets, den Weltrekord gerade noch in Reichweite, gönnte sich Panetta eine Zielgerade in Siegerpose. 8:08,58 neuer italienischer Rekord, Jahresweltbestleistung, das alles ging im Jubel unter.
Patriz Ilg, der Weltmeister von '83, war wegen seines Trainingsrückstandes bald ein geschlagener Mann. Schon in der dritten Runde blieb der als Aufmunterung gedachte Ruf der 14 aus Hüttlingen, dem Heimatort Ilgs, angereisten Freunde ungehört: „Lauf, Junge, lauf!"

Noch nie war Afrika so stark

800 m Billy Konchellah, Kenia 1:43,06
1500 m Abdi Bile, Somalia 3:36,80
5000 m Said Aouita, Marokko 13:26,44
10 000 m Paul Kipkoech, Kenia 27:38,63
Marathon D. Wakihura, Kenia 2:11,48

Die Stellung der Frau in der afrikanischen Gesellschaft wird weiterhin weibliche Erfolge verhin-

dern, obgleich auch hier ein bemerkenswertes Potential vorhanden ist. Aus gesellschaftlichen Gründen ist die Vormachtstellung des Ostblocks in der Frauenleichtathletik, allen voran die DDR, ungebrochen. Marlies Göhr, früher eine Meisterin des Timings, scheint die Zeichen der Zeit übersehen zu haben. Es tat weh, die Weltmeisterin über 100 Meter als geschlagene Siebte ihres Halbfinals die Bahn verlassen zu sehen. Kommt Sie jemals wieder?
Ihre Nachfolgerin indes scheint besser als die Sprintkönigin vergangener Tage. Silke Gladisch aus Rostock, die Doppelmeisterin von Rom, lief zudem mit 10,90 Sek. über 100 Meter (Semifinale 10,82 Sek.) bzw. 21,74 Sek. über 200 Meter Zeiten, die die Grenzen im Frauensprint für das nächste Jahr in Frage stellen.
Nicht so spektakulär, dafür aber überraschender verlief das Rennen über 400 Meter der Männer. Thomas Schönlebe aus der DDR, inzwischen erkennbar zum Athleten gereift, lieferte im Finale eine Topleistung ab. Europarekord und Sieg über die höher eingeschätzten Rynolds (USA) und Egbunike (Nigeria). Damit sind sicherlich auch in der bundesdeutschen Leichtathletikszene Prognosen über den Haufen gewor-

Silke Gladisch, Doppelmeisterin über 100 und 200 m; Heike Drechsler beim Weitsprung.

fen worden, die dem jungen 22jährigen Schönlebe in einem solchen Härtetest wie bei den Weltmeisterschaften – 4 Rennen bis zum Titel – kaum eine Chance eingeräumt hatten. Umdenken erfordert der Zeitgeist. In der DDR, wo der geplante Athlet die Keimzelle des Erfolges ist, hat man längst begriffen, daß unkonventionelles, flexibles Handeln der Schlüssel zum Erfolg ist. Auch der Verzicht auf Vielstarterei des schnöden Mammons wegen kann Wegbereiter gewesen sein. Sei's drum! Schon heute fragt keiner mehr danach, warum Thomas Schönlebe Weltmeister wurde.
Eine Niederlage kam überraschend, oder doch nicht? Petra Felke aus Jena war als neue Weltrekordhalterin im Speerwerfen der Frauen nach Rom gereist, unterlag dort aber einmal mehr der vitalen Fatima Whitbread. Waren's nur die Nerven von Petra Felke, oder hatte sie die Meisterschaft einer Galavorstellung auf der Spartakiade der DDR in Leipzig geopfert. Experten unkten schon damals, dieser dort erzielte Weltrekord (78,96 m) sei die Vorwegnahme der Jahresleistung gewesen. Der DTSB hatte sie in die Pflicht genommen.
Erfreulich der 3. Platz von Beate Peters, die im Streß von Rom ihr Leistungsvermögen ausschöpfte. Der Absolutheitsanspruch des Primo Nebiolo war mit dem Fest in Rom nicht vollends erfüllt, gleichwohl war 1987 ein großes Jahr der Leichtathletik.

Thomas Schönlebe beeindruckte über 400 m durch stetige Steigerung. Im Finale Sieg und Europarekord – 44,33 Sek

Der Pleitegeier kreist!
Drei Medaillen, 1mal Silber, 2mal Bronze! Kläglicher geht's kaum noch. Der Sturzflug der Leichtathletik aus der Bundesrepublik kündigte sich schon vor einem Jahr an. Nach den Europameisterschaften in Stuttgart wurde diskutiert, DLV-Funktionäre gelobten Besserung, handelten jedoch nicht. In Rom kam das Desaster. Hauptsündenbock nach Ansicht unserer Funktionäre, so scheint es, sind die Sportmediziner. „Da liegt vieles im Argen!" so Heinz Fallak, Vorsitzender des Bundesausschusses für Leistungssport in einer ersten Stellungnahme.
Die Mängelliste indes ist wahrhaftig breiter gestreut und vor allem länger. Der Ruf nach Fertigstellung aller Olympiastützpunkte wird laut, der DLV aber ist, zunächst jedenfalls, auf Tauchstation. Keine programmatische Erklärung, kein Rücktritt bislang. Worauf wartet man? Auf eine Selbstreinigung, einen Wunderheiler, auf göttliche Eingebungen?
Laßt Taten folgen!

Said Aouita/MAR (oben links). Für Extravagantes immer zu haben – Florence Griffith/USA (oben rechts). Silke Gladisch beim Start (Mitte links). Bronze beim Marathon – Gelindo Bordin küßt den geheiligten Boden (Mitte rechts). Fatima Whitbread/GBR – Weltmeisterin im Speerwurf – läßt die Puppen tanzen (unten links). Erfolgreich und außergewöhnlich – Jacky Joyner-Kersee (unten rechts)

Überflieger – S. Bubka/SOW – (oben links) Dietmar Mögenburg pokerte zu hoch – am Ende gab's keine Medaille (oben rechts). Greg Forster/USA – früh auf und davon (Mitte). Ben Johnson (unten links). Werner Günthör – Nervenstark und erfolgreich (unten rechts)

Die Hallensaison
Schon in den Wintermonaten war der Auftrieb der Leichtathletik zu spüren. Eine Vielzahl von Hallenrekorden und Bestleistungen waren Indikatoren dafür. An einem Wochenende gar wurden die Rekordlisten durch fünf Verbesserungen weltweit von Tokio bis Los Angeles erschüttert. Stets dabei Ben Johnson, ein Sprinter mit explosionsartigem Start, wie geschaffen für den Kurzsprint über 60 m. Heike Drechsler, 1986 von Sportjournalisten aus aller Welt zur Sportlerin des Jahres gekürt, mischte bei der Weltrekordjagd mit. Das Spektakulärste aber, was die Hallenweltmeisterschaft zu bieten hatte, war der Sturz gleich zweier Favoriten. Im 60 m Hürdenlauf der Männer gerieten Greg Foster/USA und Mark McKoy/Kanada aneinander, stürzten und machten so unfreiwillig den Weg frei für T. Campbell/USA. Ein leichtathletischer Untersuchungsausschuß hätte eine Schuldzuweisung klar zu Lasten von Greg Foster vorgenommen. Aber das sieht das Reglement nicht vor.

Rennen mit Hindernissen
60-m-Hürden-Finale bei der Hallenweltmeisterschaft in Indianapolis. Greg Foster/USA und Mark McCoy/CAN kollidieren, straucheln und stürzen.

Heike Drechsler – in der Halle noch das erfolgreichste Multitalent: 2 x Gold

Die Verantwortung trifft uns alle!

Am 10. April 1987 starb Birgit Dressel, Europameisterschafts-Vierte im Siebenkampf von Stuttgart 1986.
Erstmals wurde die breite Öffentlichkeit mit dem „Allergieschock" als Todesursache eines Sportlers konfrontiert.
Drei Spritzen wegen eines Hexenschusses am Tag vor ihrem Tod hatten einen Kreislaufkollaps verursacht. Von Unverträglichkeit zweier Medikamente war zunächst die Rede. Auch nach Einschaltung der Staatsanwaltschaft und Vorlage eines von dieser eingeholten Gutachtens blieb alles mehr oder weniger ein Rätsel.
Seitdem fragt auch die Öffentlichkeit: Ist Birgit Dressel ein Dopingopfer? Antworten hierauf und Lösungsvorschläge gaben Kompetente ebenso wie Nichtkompetente. Die Masse der Spitzensportler indes schweigt. Vielleicht denken viele, daß es ihnen genauso wie Birgit Dressel gehen könnte. Vielleicht denken viele, sie müßten sich, um die Sache aufklären zu helfen, der Einnahme verbotener, weil leistungsfördernder Mittel bezichtigen. Vielleicht denken viele, der Tod von Birgit Dressel sei nur die Folge einer Verkettung von unglücklichen Umständen, ein sich konkretisierendes Risiko also. Wir aber, die interessierte Sportöffentlichkeit, dürfen nicht beschwichtigen. Wir alle müssen uns bewußt machen, daß kein sportlicher Lorbeer ernsthafte gesundheitliche Gefährdung oder gar Lebensgefahr rechtfertigen kann. Es ist stets vom mündigen Athleten die Rede, ein Attribut, das der Sportler selbst gar zu gerne in Anspruch nimmt, und zugleich darauf pocht, mit seinem Körper zu verfahren, wie er gern möchte. Der mündige Athlet wäre aber nur einseitig, hätte er nicht auch die Fähigkeit, „nein" zu sagen. Die reale Welt des Sports sieht bekanntlich anders aus. Ehrgeiz, Ideologie und materielle Vorteile stehen bei der Steigerung der Höchstleistung auch weiterhin Pate, ebenso die Pharmaindustrie mit ihren neuen Produkten. Die Medien feiern Weltmeister und Rekorde, so, als sei nichts geschehen. Zur Rechtfertigung der Mißerfolge der deutschen LA-Mannschaft in Rom wird vermehrt auch auf die Misere unserer Sportmedizin verwiesen. Noch mehr Medizin aber muß uns veranlassen, genauer hinzuschauen und Verantwortung mitzuübernehmen.

Bernd Heller

Tennis

Steffi Graf ist die Nummer Eins

Boris Becker macht Schlagzeilen

„Das Wimbledon-Turnier beginnt jedes Jahr sechs Wochen vor dem ersten Montag im August." So liebenswert-verschroben können nur Briten denken. Und über Traditionen reden sie nicht nur, sie halten sich auch an sie. Natürlich begann auch 1987 das Wimbledon-Turnier sechs Wochen vor dem ersten Montag im August. Zwischen jenem 22. Juni und 3. August erlebte das deutsche Tennis viel Glanz und viel Elend. Die Schauplätze: Wimbledon – Hartford – Vancouver. Die Hauptdarsteller: Boris Becker und Steffi Graf. Ihnen gehört die Balkenüberschrift, und in ihrem Windschatten machten auch andere Schlagzeilen: zum Beispiel Claudia Kohde-Kilsch, Eric Jelen, Ricky Osterthun oder Carl-Uwe Steeb.

Boris gewinnt seine beiden Einzel, den dritten Punkt holt Eric Jelen „irgendwie". So lautete die deutsche Davis-Cup-Rechnung 1987, auch gegen den Rekordgewinner USA mit McEnroe, Mayotte, Flach und Seguso. Im Civic Center von Hartford ging es nicht

Stätten des Triumphs – Steffi Graf in Paris und Berlin

MARTINI
ASTI
MARTINI

NEC
OPEL
GM

Boris, der Marathon-Mann – 11 Stunden für Deutschland

Die Fahnenschwenker von Hartford: John McEnroe oben – Boris Becker unten. Wer zuletzt schwenkt, schwenkt am besten – Boris Becker ist mal wieder obenauf.

etwa um höhere Ehren, sondern gegen den Abstieg aus der „World Group", nachdem beide Teams in der ersten Runde überraschend verloren hatten.
Bis zum letzten Einzel stimmte die Rechnung. Becker – Mayotte wurde zum entscheidenden Match. Zweieinhalb Sätze spielte Boris grandios, aber ein wild kämpfender Mayotte konnte ausgleichen. 2 : 2 und 15 : 40 stand es bei Aufschlag Becker im fünften Satz – zwei Breakpunkte! Drohte dem rotblonden Leimener nun doch noch ein weiterer Rückschlag?

Das Jahr hatte für ihn schlecht begonnen. Auf dem Rasen von Kooyong in Melbourne büßte er viel Sympathie ein, als er sich bei seiner Achtelfinal-Niederlage gegen den Australier Wally Masur wie ein verzogener Knabe gebärdete. Mehrere Schläger schlug er zu Bruch, beschimpfte den (freilich recht schwachen) Schiedsrichter, fluchte in Richtung Publikum – ein Auftritt, der seinen Trainer/Ersatzvater Günther Bosch veranlaßte, das Handtuch zu werfen. Von Stund an kämpfte Boris gegen den Schatten Boschs an, selbst bei Turniersiegen. („Seht mal, ich gewinne auch ohne ihn.")
Der nächste Tiefschlag folgte beim Davis Cup gegen Spanien in Barcelona. Becker verlor das letzte und entscheidende Einzel gegen den Außenseiter Sergio Casal.
Die bitterste Niederlage jedoch erlitt er auf „seinem" Rasen in Wimbledon. Vor Selbstvertrauen strotzend („Ich fühle mich wie drei Meter groß") unterlag er schon in der zweiten Runde dem über sich hinauswachsenden Australier Peter Doohan. Aber er ging unter wie ein Gentleman – so die seriöse Londoner Presse. „Ich habe nur ein Tennismatch verloren, keinen Krieg", sagte Becker hinterher, „ich werde gestärkt wiederkommen."
Von Krieg sprach er vier Wochen später in Hartford nach dem Spiel gegen John McEnroe. Sechs Stunden und neununddreißig Minuten – das längste Match der Davis-Cup-Geschichte. Mit 4 : 6, 15 : 13, 8 : 10, 6 : 2 und 6 : 2 triumphierte Boris Becker über die Spielkunst und die Psychotricks des John McEnroe, wobei er im zweiten Satz fünf Satzbälle abwehrte.
Deutschland führte damit 2 : 0 gegen die USA, nachdem Eric Jelen im Eröffnungseinzel Tim Mayotte in fünf Sätzen bezwungen hatte. Da Becker auf das Doppel verzichtete und Jelen

gegen McEnroe chancenlos war, kam es zu der eingangs erwähnten Situation.
„Bleib kühl!" sagte sich Boris Becker trotz des mißlichen Spielstandes, trotz der ekstatischen, von den amerikanischen Spielern in höchst unfairer Manier aufgewiegelten Zuschauer, trotz des passiven Schiedsrichtergespanns. Und dann demonstrierte er die Qualitäten eines Champions. Aus dem 2 : 2, 15 : 40 machte er ein 6 : 2. Fahneschwingend lief er durch das Civic Center, Reverenz an die Deutschen und ein letzter Seitenhieb auf John McEnroe, der zuvor noch mit dem Sternenbanner seine Anhänger mobilisiert hatte. Der vermeintliche Absteiger Deutschland jubelte, als hätte er den Cup gewonnen.
Eine Woche später gab es wirklich das Erringen eines Cups zu bejubeln.
Wieder waren die USA mit im Spiel, und wieder trat so etwas wie ein Wunder ein.
Finale Federation Cup im kanadischen Vancouver. Im entscheidenden Doppel führen Chris Evert/Pam Shriver gegen Steffi Graf/Claudia Kohde-Kilsch mit 6 : 1 und 4 : 0. Das Urteil steht fest: Die beiden Deutschen harmonieren nicht, wenngleich sie im Halbfinale das CSSR-Duo Mandlikova/Sukova bezwingen konnten. Der Teamgeist war doch wohl nur herbeigeredet worden.

Boris Becker – der Sturz vom Wimbledon-Thron: Im Tennis Mekka kam für den Titelverteidiger schon in der zweiten Runde das vorzeitige Aus. Er verlor gegen den relativ unbekannten australischen Außenseiter Peter Doohan glatt mit 7 : 6, 4 : 6, 6 : 4.

Pat Cash – Beckers Nachfolger in Wimbledon auf dem Weg nach vorn: Durch seine Finalniederlage gelang es Ivan Lendl wieder einmal nicht, den Grand Slam-Titel zu gewinnen, der für ihn persönlich ganz oben auf der Wunschliste steht. Mit Pat Cash stand ihm wieder einmal ein „Außenseiter“ im Wege. Ob sein sehnlichster Wunsch sich noch einmal erfüllen wird? Oder wird er als einer der Großen in die Tennisgeschichte eingehen, der ohne Wimbledon-Titel auskommen mußte?

Martina Navratilova – keine war je erfolgreicher: Ihr achter Wimbledon-Titel, der sechste in Folge und zu jenem Zeitpunkt immer noch die Nr. 1 der Computer-Weltrangliste.

Nach dem Finale: Steffi Graf zeigte sich trotz ihrer Niederlage im Finale von Wimbledon der deutschen Öffentlichkeit. Hier mit Dieter Kürten und Karl Senne im Aktuellen Sportstudio.

NEC

NEC

Das Doppel, als entscheidendes Match im Finale des Federation-Cups, schien unterwegs für Steffi Graf und Claudia Kohde-Kilsch eine unlösbare Aufgabe zu sein. Plötzlich wechselte die Ratlosigkeit hinüber zu den Amerikanerinnen Pam Shriver und Chris Evert. Am Ende gab es für das deutsche Team nur noch Jubel.

„Denkt an Connors!" beschwor Teamchef Klaus Hofsäß seine beiden Spielerinnen. Der unverwüstliche Jimbo hatte in Wimbledon gegen den Schweden Pernfors mit 0:2-Sätzen und 1:4 zurückgelegen, aber dann doch noch gewonnen. Urplötzlich erwachte in Graf/Kohde-Kilsch eine Spielfreude, die das Match zu einem „Jahrhundert-Doppel" werden ließ. Mit 7:5 und 6:4 gingen die letzten beiden Sätze an die Deutschen, die damit erstmals den Federation Cup errangen. Fassungslos die Amerikanerinnen, die am Ende doch die verletzte Martina Navratilova vermißten; Küßchen und Freudentränen in der deutschen Mannschaft, selbst die verfeindeten Väter Graf und Kilsch lagen sich in den Armen.

„Gewinnen muß ich gar nicht", hatte Steffi Graf vor dem Finale gemeint, den Erwartungsdruck herunterspielend. Dennoch: Ihre Punkte sind wie bei Boris Becker ein Muß für den mannschaftlichen Erfolg. Ihr 6:2, 6:1 über Chris Evert in Vancouver war bereits der 50. Einzelsieg des Jahres.

Der Siegeszug des „Fräulein Vorhand" begann in Florida. Nachdem sie die Winterpause dazu genutzt hatte, ihren Aufschlag und ihre Rückhand zu verbessern, lehrte sie in Key Biscayne die beiden großen „alten Damen" das Fürchten: 6:3, 6:2 gegen Martina Navratilova

Das „Jahrhundertdoppel" von Vancouver – von der Ratlosigkeit zum Triumph. Bild oben: Steffi Graf und Claudia Kohde-Kilsch
Bild unten: Pam Shriver und Chris Evert

im Halbfinale und 6:1, und 6:2 gegen Chris Evert-Lloyd im Endspiel. Fortan sprach man nur noch darüber, wann sich die Wachablösung an der Weltspitze vollziehen würde, wann eine neue Ära im Damen-Tennis beginne. Mrs. Lloyd (nach ihrer Scheidung wieder Miss Evert) fiel in der Weltrangliste nach Key Biscayne auf Platz drei zurück, und Steffis Abstand zu Martina Navratilova, der Nummer Eins, verringerte sich immer mehr. Quasi logisch, daß die drei bedeutendsten Endspiele – Paris, Wimbledon, Flushing Meadow – das Duell Graf-Navratilova brachten.

Acht Tage, bevor sie volljährig wurde, bestritt Steffi Graf im Stade Roland Garros ihr erstes ganz großes Finale – ungeschlagen in 38 Begegnungen, mit sechs Turniersiegen in der Tasche. Die beste Vorhand und die beste Beinarbeit der Welt gegen den besten Aufschlag und den besten Volley. Doch am Ende triumphierten die besten Nerven. Martina Navratilova führte im dritten Satz mit 5:3, servierte beim Stande von 5:4 zwei Doppelfehler und verlor schließlich mit 6:8. Trotzdem bleibe Martina die Nummer Eins, sagte Steffi. Noch ...

Einen Monat danach in Wimbledon hätte sich das laut Computer ändern können, wenn Steffi Graf wieder gewonnen hätte. Aber diesmal hatte Martina Navratilova die

Steffi Graf – selbstbewußt zum ersten Grand Slam Titel

Bild unten: Weltklassedoppel ohne Zukunft?

Emotionen besser unter Kontrolle und holte sich den begehrtesten Titel der Welt zum achtenmal – Rekord! Gleichzeitig war es das Ende der Grafschen Siegesserie nach 45 Spielen. Der „Machtwechsel", meinte man, sei vertagt auf die US Open in Flushing Meadow. Denkste! Er vollzog sich für Steffi Graf „unbewußt und unerwartet" am 16. August in Los Angeles. Pikanterweise half die Dritte im Bunde, Chris Evert, bei der Thronbesteigung – nämlich durch einen Halbfinalsieg über Navratilova und eine Finalniederlage gegen Steffi Graf. „Nun kann ich in Flushing Meadow unbelastet aufspielen", war deren Reaktion. Und obwohl sie, durch eine fiebrige Erkältung geschwächt, gegen Martina Navratilova wieder verlor, untermauerte sie ihre Führung in der Weltrangliste. Aber die Diskussionen dauern an, wer tatsächlich die weltbeste Tennisspielerin ist. Steffis männliches Pendant Boris Becker mußte seine Ansprüche zurückschrauben. Am Anfang des Jahres war er nach eigener Einschätzung dicht dran, die Nummer eins zu werden. Nach einer alles in allem verkorksten Saison – das Erreichen des Halbfinales in Paris war sein bestes Grand-Slam-Ergebnis – sagte er in einem Fernsehinterview: „Mir ist es egal, ob ich Nummer zwei oder Nummer vier bin. Nur die Nummer eins zählt!" Erst mit 23 werde er sein wahres Leistungsvermögen erlangen, aber definitiv ohne Günther Bosch.

14. Juni 1987 – Steffi Graf wurde 18. – Wohl dem, der über großzügige Sponsoren verfügt.

Finale von Wimbledon – Ende einer außergewöhnlichen Siegesserie im 46. Match: Steffi Graf unterlag noch einmal gegen Martina Navratilova.

Lendl trotz Erkältung unbezwingbar:
Der Weltranglistenerste, der durch seinen Sieg über den amerikanischen Publikumsliebling Jimmy Conners das Finale erreichte, besiegte seinen schwedischen Herausforderer Mats Wilander trotz einer fiebrigen Erkältung mit 6 : 7, 6 : 0, 7 : 6, 6 : 4. Hierdurch gelang dem 27 Jahre altem Tschechoslowaken, bei dieser, mit einer Viertelmillion Sieggeld dotierten Veranstaltung, der dritte Sieg hintereinander. Sein schwedischer Herausforderer, der sich in ausgezeichneter physischer Verfassung präsentierte scheiterte letztendlich an seinen eigenen Nerven. Noch nie wäre ein Sieg gegen den stark geschwächten Lendl so leicht gewesen, wie bei diesem Turnier. Andererseits zeigt dieser Sieg von Lendl dessen unheimliche psychische Stärke, die ihm in den entscheidenden Situationen half, seinen Platz als die absolute Nummer Eins im Herrentennis zu behaupten.

Martina Navratilova – nach Wimbledon gewann sie nun auch die offenen Tennismeisterschaften von Amerika. „Wer Wimbledon und die US Open gewinnt, der ist die Nummer Eins", sagte sie schon im Vorfeld dieser Meisterschaft. Gegen eine grippekranke Steffi Graf gewann sie mit 7 : 6, 6 : 2 und ist somit ihrem wohl geheimsten Wunsch, die größte Tennisspielerin aller Zeiten zu werden, ein ganzes Stück näher gekommen. In Flushing Meadow gelang ihr das Kunststück, alle möglichen Titel zu gewinnen. Mit Pam Shriver gewann sie das Damen-Doppel und mit Emilio Sanches das Mixed. Somit ist sie nach der Australierin Margaret Court (1970) die erste Spielerin, der das „Triple" bei einem Grand Slam-Turnier wieder gelang.

Rainer Deike

Ski alpin

Schweizer Goldrausch war die große Show in Crans Montana

Immer wenn die Rede auf Crans Montana kam, wiegelten sie ab. Die Stars der Branche mochten nicht zugeben, daß die Weltmeisterschaft in Crans Montana im Skiwinter 86/87 zum alles überragenden Spektakel avancieren würde. Allen war im Gespräch anzumerken, daß sie – vom Weltcup und den dortigen Auftritten geprägt – den Tag, die nur einmalige Chance, Weltmeister zu werden, scheuten. Die leisen Zwischentöne verrieten, daß sie es nicht gerecht empfänden, den zum Weltmeister zu küren, der nur in einem Rennen „top" war. Aber keiner sagte es laut, still hoffend, daß er selbst von der Gunst der Stunde profitieren könne. Ein vielfach gleichgeträumter Traum, und doch spiegelte am Ende die Realität das wider, was viele auch schon vorher wußten.
Die während der Saison stark auftrumpfenden Schweizer fuhren den Rest der Welt in Grund und Boden. Versuche, die Erfolge mit einem Wachsgeheimnis erklären zu wollen, wirkten hilflos. Die Eidgenossen waren einfach besser: besser vor-

Superstar: Pirmin Zurbriggen

KERMA
DESCENTE

Im Training Spitze, im Rennen wenigstens Bronze – Regine Mösenlechner

bereitet, besser eingestellt – Siegfahrer eben. Nichts blieb dem Zufall überlassen. Die Schweizer Siege in Crans Montana – 8 von 10 Goldmedaillen blieben im Lande – waren der Erfolg einer Mannschaft, deren Mitglieder sich täglich zu noch größeren Leistungen anspornten. Nie zuvor in der Geschichte des alpinen Skirennlaufs hat eine Nation größeren Aufwand betrieben. Unzählige Trainingseinheiten, Computer, Videotechnik, eine satt gefüllte Pool-Kasse, insgesamt 31 Trainer und Rennbetreuer... Der Kopf ist Karl Frehsner, ein Österreicher.

Er ist einer der ganz wenigen Trainer, die die Sache weit über die eigene Person stellen. Skibauer hat er gelernt, Autodidakt und Einzelgänger ist er geblieben. Auch im Moment der größten Erfolge, auch als 50 000 im Skistadion den dreifachen Schweizer Abfahrtstriumph feierten, blieb er am Berg, analysierte, grübelte und dachte nur an das, was anderntags noch einzufädeln war.
Seine Taktik, die vier Vertreter der Schweiz erst am Vorabend des Abfahrtslaufs der Öffentlichkeit und den Rennläufern selbst bekanntzugeben, hat allenthalben ungläubiges Staunen und Kopfschütteln ausgelöst. Aber schon 24 Stunden später war der Hauch von Kritik

Jung – Dynamisch – Bayerisch!

„Ich denke, die Weltmeisterschaft in Crans Montana läuft auf eine Auseinandersetzung zwischen Pirmin Zurbriggen und mir hinaus!"
So kommentierte Markus Wasmeier seine Weltcup-Erfolge von Garmisch (Abfahrt: Vierter; Super G: Erster). Das war zwei Wochen vor Beginn der Weltmeisterschaften, und noch konnte „Wasi" nicht wissen, daß er eine Woche später in Wengen sogar einen Abfahrtsklassiker gewinnen würde. Und dennoch kam alles ganz anders.
Einmal Bronze im Super G, nein, das war nicht die Weltmeisterschaft des Markus Wasmeier.
In Furano/Japan stürzte Wasmeier dann bei einer Weltcup-Abfahrt schwer (zwei Brustwirbel gebrochen) – die Saison war vorbei. Ein verkorkster Winter?
„Keineswegs", erklärte der Sonnyboy vom Schliersee im Sommer.
„In Crans bin ich zuviel Risiko gegangen, weniger hätte mehr gebracht".
Und außerdem werde er sich in Zukunft bei vergleichbaren Großereignissen rarer machen. Dies als Grund für die Mißerfolge bei der Weltmeisterschaft anzuführen, dazu fehlt ihm die Überzeugungskraft.
Egal, hadern oder grübeln mag „Wasi" nicht. Zwar ist die Weltmeisterschaft „in die Hose" gegangen, aber so erfolgreich wie letzten Winter war er im Weltcup noch nie.
Markus Wasmeier ist und bleibt mit 24 Jahren Deutschlands Skistar Nr. 1, er ist trotz einiger Rückschläge ein Siegertyp. Im Winter ist der stolze Bayer Strahlemann, tausendfach abgelichtet, ein Mann fürs Treppchen – im Sommer, wenn er in Lederhosen daherkommt, erfüllt er gleichermaßen das Wunschbild vom Fremdenverkehrsmanager der Bergwelt.
Jung, dynamisch, bayerisch!

Gleiches Mißgeschick wie bei seinem WM-Sieg in Bormio: am Ziel war Exweltmeister Markus Wasmeier dann nur auf Platz 13.

Simulation einer Abfahrt – Kombinationsweltmeister Marc Girardelli

Extravagant und superschnell – Abfahrtsweltmeister Peter Müller

verflogen. Gold, Silber und Bronze für Müller, Zurbriggen und Alpiger. Der erste totale Schweizer Triumph, dazu noch in der Königsdisziplin.
Ein kleiner Regiefehler am Rande. Nicht der Liebling der Nation, Zurbriggen, sondern der ehrgeizige Kämpfer Peter Müller holte das süßeste Gold von Crans Montana. Dennoch hieß der Sympathieträger Nr. 1 schon zu Beginn dieser Weltmeisterschaft Pirmin Zurbriggen.
„Ich hasse diese Strecke", so kommentierte Deutschlands Ski-As Markus Wasmeier die Abfahrtsstrecke von Crans Montana und bereitete so sein Umfeld auf seine Niederlage (9.) vor. „Das tut er nie wieder", äußerte sich kurz und knapp Bernhard Russi, Exabfahrtsweltmeister aus der Schweiz, zu dieser verhängnisvollen Einstellung und strich den Deutschen schon zwei Tage vor dem Rennen von der Liste der Favoriten.
Wenn von Verlierern die Rede ist, darf ein heimlicher Sieger nicht fehlen – Michel Maier.
Der Italiener hatte sich drei Wochen vor der Weltmeisterschaft am Knie verletzt, bis zur Weltmeisterschaftsabfahrt kein Rennen mehr bestritten, und an der ersten Zeitnahme hieß es „neue Bestzeit". Aber dann – am „Frehsner Eck" – ein Sprung über 40 m, Sturz, Rückenlage, Aufrichten bei Tempo 100 und Weiterfahren. Ein langgezogener fürchterlicher Fluch begleitete den Zwei-Zentner-Mann bis ins Ziel, wo er mit lediglich 2 Sek. 45/100stel Rückstand zum Sieger als 19. ankam. Unglaublich, was gewesen wäre, wenn…
Pirmin Zurbriggen hat den Makel des zweiten Siegers in der Königsdisziplin schnell vergessen lassen. Gold im Riesenslalom, Gold im Super G und noch einmal Silber in der Kombination.
Am weitesten drifteten die Meinungen über den Weltcupsieger des Vorjahres, Marc Girardelli, auseinander. Der Mann aus dem Bregenzer Wald, noch immer ohne Staatsbürgerschaft von Luxemburg, ist unbestreitbar der Trainingsfleißigste aller Spitzenläufer. Und der Erfolg blieb nicht aus: Gold in der Kombination, Silber im Super G, Silber im Riesenslalom.
„Oldie but Goldie" – seine Karriere neigte sich schon dem Ende zu, und am Schlußtag der Weltmeisterschaft war er nicht mehr zu halten: Frank Wörndl aus Sonthofen, Weltmeister im Slalom. „Einmal im Leben muß man gewinnen, bei mir war's heute!" Platz 2 nach dem ersten Durchgang; nie war er besser, und er setzte noch einen drauf. Stets an der Grenze zum

unkalkulierbaren Risiko, stellte er im zweiten Durchgang alles in den Schatten, die Prognosen auf den Kopf. Armin Bittner (Mitte), im zweiten Durchgang als Letzter gestartet, weil er Bester des ersten Durchgangs war, sah nur das Gold vor seinen Augen – und gewann Bronze. Für die Deutschen ein einmaliger Erfolg. Noch vor Jahresfrist galten sie als Mitläufer des Skizirkus. Bittner in einer Saison und Wörndl (unten) über Nacht avancierten zu den Hauptdarstellern der Szene.
„Ein Gesicht für Hollywood", wurde ein angeblich bekannter Filmregisseur vom Sunset Boulevard zitiert. Zum ersten Mal hatte er sie gesehen. Zweimal Gold, ein strahlendes Lächeln, ein betörender Charme – Maria Walliser. Wer sie kennt, weiß, wie hart sie arbeiten kann, wie sehr sie um den Titel der Abfahrtsweltmeisterin gefightet hat. Eine Kämpfernatur, so ganz und gar gegen ihr von den Medien geprägtes Image.
Ein „Goldschatz" hätte sie sein können, aber dieser Name war für jemand anderes reserviert: Erika Hess, zweifache Weltmeisterin. In Crans Montana (Slalom/Kombination) krönte sie ihre phantastische Karriere mit doppeltem Gold. Vom Typ her ein Mädchen, das in die Berge paßt, kein Star, bescheiden, einfach nett eben. Vreni Schneider schließlich komplettierte durch ihren Sieg im Riesenslalom den Schweizer Goldrausch.
Unter Wert geschlagen verließen Deutschlands Damen die Rennpisten von Crans Montana. Noch zwei Tage vor dem Abfahrtslauf waren Kiehl, Gerg und Mösenlechner Expertentips. Über Nacht begann das Zittern, bis heute weiß keiner, warum. Die Freude über Regine Mösenlechners Bronzemedaille war groß, aber nur bei ihr. Die Spannungen im Team, sonst Triebfeder für noch größere Erfolge, blieben diesmal für den Rest der Weltmeisterschaft wirkungslos.
Der österreichische Cheftrainer, Karl Bartsch, flüchtete sich im Vorfeld der Weltmeisterschaft in die gewagte Prognose, sein Team sei für die Tage von Crans Montana auf Sieg programmiert. Nach einer Kette von Mißerfolgen im Worldcup war die Voraussage verständlich, indes glauben mochte sie keiner. Die österreichische Skiindustrie sah am Horizont nicht nur die sportlich nationale Katastrophe, sondern auch den wirtschaftlichen Kollaps. Siege blieben aus, von Konkursen der Brettlhersteller ist bislang nichts bekannt, Dieter Bartsch wird noch immer als Cheftrainer bezahlt. In Österreich hat man gelernt, das „nationale Unglück" als etwas Alltägliches zu sehen, auch wenn's ums „Skifoarn" geht.

Bernd Heller

Maria, Maria

Die Schönste im Lande zu sein, war schon hinter den sieben Bergen vor grauer Zeit eine mißliche Angelegenheit. In den Schweizer Bergen anno 1987 ist die Schönste zu allem Überdruß auch noch die Beste. Die 24jährige Schweizerin genießt z. Z. Publicity honigsüß in vollen Zügen. Die Konkurrenz beneidet Maria Walliser, die dreifache

Weltcupsiegerin (Gesamt, Super G, Riesenslalom) und zweifache WM-Goldmedailliengewinnerin (Abfahrt, Super G).

Ihre Erfolge sind schon rein statistisch beeindrukkend, aber man kann sie auch als Siege einer draufgängerischen, ehrgeizigen, kampfstarken Skifahrerin beschreiben. Das alles ist im Zielraum, vor der Presse, von einem fast unwiderstehlichen Charme umgeben und geprägt von Eloquenz und Vielsprachigkeit (Deutsch, Französisch, Englisch, Italienisch).

Ihre Erscheinung, ihre Erfolge sind aber auch das Resultat von großem Trainingsfleiß, Selbstdisziplin und einem Lernprozeß, bei dem Niederlagen genauso weggesteckt werden, wie Erfolge verkraftet werden mußten.

Aber „hungrig" ist sie geblieben, denn wer Maria Walliser kennt, weiß, daß sie im bevorstehenden olympischen Winter ihre Karriere um einen weiteren Höhepunkt bereichern möchte. Erfolg macht eben nicht zufrieden – für Maria Walliser gilt etwas anderes: Erfolg macht schön!

Pirmin Zurbriggen – Ein Suprrr-Fahrrr

Ein Mann ohne Charisma, aber ein ganz Großer seiner Zunft. Pirmin Zurbriggen (24) war Superstar im alpinen Skizirkus. Zweimal Gold, zweimal Silber bei der Weltmeisterschaft, vierfacher Weltcupsieger in einem Jahr – das hat es noch nie gegeben. Das, was ihn so erfolgreich macht, ruht in ihm.

Seine Art, den Berg hinunterzurasen, ist nicht spektakulär, er ist einfach schneller als die anderen, ein „Suprrr-Fahrrr" eben, was er gern mit Blick auf einige Konkurrenten sagt. Der Erfolg bei der Hochgeschwindigkeitsraserei auf Schnee ist nicht meßbar in Muskelkraft, Reaktionszeiten, in Trainingseinheiten und was sonst noch. Die mentale Vorbereitung ist ein dominierender Faktor, die Einstellung zum Berg, zur Piste.

Pirmin Zurbriggen hat das mit in die Wiege bekommen, kein Wunder, wenn man mitten in den Bergen, in Saas Almagell aufgewachsen ist.

Seine Erfolge haben den Weltmeister verwöhnt, haben ihm das beschert, wovon man in der Schweiz gar nicht genug haben kann: Franken.

Er ist ein Großverdiener, aber er hat sich nie verführen lassen. Auch die ersten zarten Bande zu seiner Freundin Monika waren keine Zeitungsaufmacher. Superstar und keine Skandale?! Die Yellow Press wird ihn verfluchen.

Noch so viele Journalisten mögen sich den Kopf zerbrechen und die Finger wund schreiben, wie man vierfacher Weltcupsieger in einer Saison wird, aber keiner weiß es wirklich – vermutlich auch Pirmin Zurbriggen nicht; der weiß nur, daß er es kann.

Ski nordisch

Deutschlands Kombinierer und Österreichs Adler

Packender Zweikampf zwischen dem Schweizer Grünefelder (r) und Wassberg. Gold aber holte sich der später gestartete Maurillio de Zolt (ITA).

Die „Adler“: Das Springen auf der Normalschanze gewann der Tscheche Jiri Parma (oben); auf der Großschanze siegte der Österreicher Andreas Felder.

Nordische Kombination

Die spannungsgeladensten Wettkämpfe dieser Weltmeisterschaft fanden sicherlich in der Nordischen Kombination statt. Bei der letzten Weltmeisterschaft hatte Hermann Weinbuch aus Berchtesgaden diese Königsdisziplin des nordischen Skisports nicht zuletzt deshalb eindeutig beherrscht, weil er sich als einziger für die Skatingtechnik entschieden hatte, die heute von allen Kombinierern der Weltklasse beherrscht wird. Durch Verletzungspech konnte er im Vorfeld dieser WM jedoch nicht die dominierende Rolle spielen, die man ihm nach seinen überzeugenden Leistungen im Weltcup-Winter 1986 zugetraut hatte. Die Sieger in den Weltcup-Wettbewerben vor dieser WM hießen Torbjörn Loekken (NOR), Hippolyt Kempf und Freddy Glanzmann aus der Schweiz sowie Hubert Schwarz aus Oberaudorf.
Die Deutsche Meisterschaft, gedacht als Generalprobe für die WM, gewann überraschend der junge Schonacher Hans-Peter Pohl. Hermann Weinbuch mußte vor der Weltmeisterschaft wegen einer schmerzhaften Entzündung am Fuß eine Zwangspause einlegen.
Am ersten Wettkampftag der Kombinierer sorgte dann der frischgebackene Deutsche Meister für eine erste Sensation, als er mit den größten Sprungweiten das Kombinationsspringen gewann. Zweiter wurde Thomas Prenzel (DDR), und auf Platz drei landete Hubert Schwarz. Hermann Weinbuch widerlegte all seine Kritiker durch ein hervorragendes Sprungergebnis und katapultierte sich damit auf den vierten Platz.
So standen die Voraussetzungen für die deutschen Kombinierer nicht schlecht, zumal man sich noch auf ein begeisternd mitgehendes Publikum verlassen konnte, das die eigenen Sportler unterstützen würde.
Am zweiten Wettkampftag ging Hans-Peter Pohl in dem nach der Gundersen-Methode gestarteten

Die Italiener! – Marco Albarello, Sieger im 15-km-Langlauf (klassisch).

TREVIRA
GORE-TEX
4
KNEISSL

Rennen über 15 km mit einem Vorsprung von 54,5 Sekunden auf seinen Mannschaftskameraden auf die Strecke. Er wurde nun von seinen Konkurrenten gejagt, die in den nach den Springergebnissen errechneten Zeitabständen nach ihm starteten. Hermann Weinbuch hatte die vor ihm gestarteten Prenzel und Schwarz (der – durch eine Grippe geschwächt – bald danach aufgeben mußte) in der ersten von drei zu laufenden Runden

Hermann Weinbuch hatte die Goldmedaille in der Einzeldisziplin schon vor Augen, ging dann aber leer aus.

eingeholt und übernahm in der zweiten Runde die Führung vor Hans-Peter Pohl. Zu diesem Zeitpunkt glaubte jeder an eine erfolgreiche Titelverteidigung, doch man beachtete gar nicht, daß der Führende des Weltcups, Torbjörn Loekken, das Feld von seinem 19. Startplatz regelrecht aufrollte. In seinem Sog kämpften sich unbemerkt der Amerikaner Kerry Lynch und der Norweger Trond Arne Bredesen nach vorne.
In der letzten Runde passierte es dann: In der vorletzten Abfahrt stürzte Hermann Weinbuch und verlor dadurch wertvolle Sekunden auf die ihn jagende Konkurrenz. Vielleicht hatte er durch diesen Sturz nicht mehr die Kraft, den Konkurrenten entgegenzuhalten, denn Torbjörn Loekken ging fast mühelos an ihm vorbei, und auch Kerry Lynch nahm sofort seine Chance wahr. Zu allem Unglück überholte ihn Bredesen noch auf der Zielgeraden, so daß ihm der undankbare vierte Platz blieb. Damit hatten die Norweger wieder einmal die Krone des nordischen Skisports heimgeholt.
Auch im Mannschaftswettbewerb ging es für die bundesdeutschen Kombinierer um die Titelverteidigung. Die von Hartmut Döpp und Max Golser betreuten Kombi-

Hans-Peter Pohl, der beste Springer unter den Kombinierern.

nierer hatten den Einzelwettbewerb und die damit verbundene Enttäuschung gut überwunden, was sich erneut beim Springen zeigte. Hier wurde Hans-Peter Pohl wiederum zum überragenden Mann und legte mit seiner Sprungleistung den Grundstein für die Titelverteidigung. Hauptkonkurrent um den Titelkampf war das Trio aus Norwegen, das mit einem Rückstand von 2:06 Minuten auf die bundesdeutsche Mannschaft startete.

Hermann Weinbuch ging als erster auf die jeweils zehn Kilometer lange Teilstrecke. Er lief ein sehr gutes Rennen, konnte den Vorsprung sogar noch vergrößern und Hans-Peter Pohl mit einem guten Polster auf die Strecke schicken. Hans-Peter Pohl rechtfertigte seine Nominierung an Stelle des erkrankten Hubert Schwarz, büßte auf Arne Bredesen zwar etwas Zeit ein, doch Thomas Müller konnte mit 1:50 Minuten Vorsprung auf die letzte Teilstrecke gehen. Er ließ vor heimischer Kulisse keinen Zweifel am Siegeswillen aufkommen und hielt den Weltmeister Torbjörn Loekken auf Distanz.
Im Ziel war dann die Freude der deutschen Mannschaft groß, und die Einzelkonkurrenz schnell vergessen.
Einer strahlte jedoch ganz besonders: Hans-Peter Pohl, der noch gar nicht so recht begreifen konnte, daß er nun Weltmeister geworden war. Er bewies auch große sportliche Fairneß, als er in dieser Situation seinen Mannschaftskameraden Hubert Schwarz nicht vergaß, dessen Stelle er eingenommen hatte.

Kraft und Siegeswillen kennzeichnen den Lauf von Kombinationsweltmeister Tjorbörn Loekken (Mitte).

Endlich Gold auch für die BRD im Staffelwettbewerb der Kombinierer. – Hier der Wechsel von Pohl an Müller.

Eine Grippe nahm Hubert Schwarz in der WM-Kombination nach seinem 2. Platz im Springen alle Chancen.

Spezialsprunglauf

Die Ausgangslage für den Spezialsprunglauf war bei dieser Weltmeisterschaft offen, da die bisherigen Weltcup-Springen, insbesondere die Vierschanzentournee, eine ausgeglichene Leistungsdichte gezeigt hatten. Erfreulich war, daß die bundesdeutschen Skispringer durch den Sieg von Thomas Bauer im Neujahrsskispringen und dem zweiten Platz von Thomas Klauser mit nur einem zehntel Punkt Rückstand in Oberstdorf den Anschluß an die Weltspitze wieder geschafft hatten.
Beim Wettkampf auf der Großschanze hatte Thomas Klauser nach dem ersten Durchgang die Chance auf eine Medaille zum Greifen nahe, doch reichte es zum Schluß lediglich zu Platz fünf. Weltmeister wurde Andreas Felder (AUT), der Vegard Opaas (NOR) und seinen Freund Ernst Vettori auf den zweiten und dritten Platz verwies.
Das Mannschaftsspringen auf der 90-m-Schanze wurde zu einer überlegenen Sache der finnischen Springer mit ihrem Sorgenkind Matti Nykänen. Nach den Ergebnissen des Einzelspringens hätte es für die bundesdeutschen Springer noch zur Silbermedaille gereicht, doch spielten die Nerven nicht mit, so daß Norweger und Österreicher Silber und Bronze belegten.
Das Springen auf der Normalschanze stand im Zeichen von zwei Springern: der Tscheche Jiri Parma, der sich im Stile seines großen Landsmannes Jiri Raska den Titel holte, und andererseits Matty Nykänen, der nach dem ersten Durchgang abgeschlagen auf dem 15. Platz lag und mit einer für ihn typischen Glanzleistung im zweiten Durchgang auf den Silberrang vorsprang.
Die Skispringer waren allesamt von dem fairen Oberstdorfer Publikum begeistert, das sie mit dem Anfeuerungsruf „ziiieeeh" zu tollen Leistungen animierte.

Langlauf

Die Langlaufwettbewerbe dieser Weltmeisterschaft standen ganz im Zeichen der Italiener und der Schweden. Skikönig der Langläufer wurde der bärtige Thomas Wassberg, der im Rennen über 30 Kilometer Gold und über 15 und 50 Kilometer jeweils Silber holte. Zum Abschluß dieser Wettkämpfe gewann er mit der schwedischen Staffel sein zweites Gold. Die eigentliche Überraschung bei den Männern waren jedoch die Italiener, die mit Marco Albarello über 15 Kilometer und mit dem 38jährigen Maurilio de Zolt über 50 Kilometer zwei Weltmeistertitel einheimsten. Die großen Langlaufnationen wie Norwegen, Finnland oder die Sowjetunion mußten sich mit wenigen Medaillen zufriedengeben. Beachtlich war auch die Leistung von Andreas Grünefelder aus der Schweiz,

der sich nach einem erbitterten und faszinierenden Duell mit Thomas Wassberg mit dem vierten Platz begnügen mußte. Bei den deutschen Läufern kann wohl nur ein solider Neubeginn helfen, um an die Zeiten eines Walter Demel und Georg Zipfel anzuknüpfen.
Bei den Damen wurden die Weltmeistertitel zu gleichen Teilen an die großen Langlaufnationen verteilt. Über 5 Kilometer gewann die Finnin Matikainen, und die Schweizerin Evi Kratzer kam auf einen beachtlichen dritten Platz. Über 10 Kilometer wurde Matikainen mit acht Zehntel Sekunden Rückstand von der Norwegerin Ane Jahren geschlagen.
Die Mädchen aus der BRD, die erstmals seit Jahren wieder als Mannschaft an einer Weltmeisterschaft teilnahmen, haben erwartungsgemäß bei den Entscheidungen nicht eingreifen können. Hier wird Georg Zipfel als verantwortlicher Trainer in den nächsten Jahren noch eine Menge Arbeit vor sich haben.

Eine besondere Faszination geht alljährlich von der Vierschanzentournee aus. Hier die Vogelperspektive auf Garmisch. Kleine Bilder, von oben: Ernst Vettori – Sieger der Vierschanzentournee; Andreas Bauer – Sieger des Neujahrsspringens in Garmisch; Matti Nykänen – Sprunggenie und Enfant terrible aus Finnland.

Oberstdorf

Oberstdorf hat eine große Aufgabe gemeistert und bei Teilnehmern, Funktionären und den 500 000 Zuschauern viel Lob und Anerkennung geerntet. Oberstdorf, vor allem seine Bürgerinnen und Bürger, haben diese Weltmeisterschaft dazu genutzt, um zu zeigen, was es heißt, „Gastgeber" zu sein. So war es z. B. für die Besucher dieser WM angenehm festzustellen, daß es den üblichen WM-Zuschlag nicht gab.
Die vielen Helferinnen und Helfer an der Schanze, an den Langlaufstrekken, in den Organisations- und Pressebüros haben diese WM zu einem bleibenden Erlebnis gemacht. Wenn auch die bundesdeutsche Mannschaft nur mit einer Goldmedaille – der einzigen Medaille – aus diesen Titelkämpfen ging, eine weitere Goldmedaille hätte sich das Publikum verdient. In Oberstdorf wurde der Begriff des „Holmenkollen-Festivals im Allgäu" geprägt. Wer die Holmenkollen-Atmosphäre kennt, der kann auch beurteilen, was das heißt: Eine solche Publikumsbegeisterung kann man nur noch in Oslo erleben. Dort ist es übrigens Tradition, daß der König bei den Wettkämpfen anwesend ist. In Oberstdorf war es Bundespräsident Dr. Richard von Weizsäcker, der den Sportlern seine Referenz erwies.

Georg Thoma

Biathlon

Jäger und Gejagte im Kampf um das begehrte Gold

Praktisch unter Ausschluß der Öffentlichkeit schossen und liefen die Biathleten um WM-Gold in Lake Placid. Die Selbständigkeit des Verbandes Deutscher Biathleten verhinderte eine Integrierung in die WM von Oberstdorf.
Bild oben: Aufgrund der Dopingsperre kam Peter Angerer bis zur WM nicht rechtzeitig in Form und konnte lediglich mit der Staffel Silber holen.
Kleines Bild: Fritz Fischer hatte eine glänzende Weltcupsaison und belegte im Gesamtklassement einen hervorragenden 2. Platz.
Bild links: Franz-Peter Roetsch aus der DDR, Weltcupgesamtsieg und dreifacher Weltmeister – die Konkurrenz hatte keine Chance.

Eishockey

Sensationen, Skandale und die überragenden Schweden

Alles schien zu laufen, wie schon so oft, ja wie fast immer: Die Sowjetrussen schlagen alle – und die deutsche Mannschaft betätigt sich als Liftboy für die Fahrstuhl-Aufsteiger, diesmal die Schweiz.
Die Mannschaft von Xaver Unsinn unterliegt zunächst den Schweden mit 0 : 3, spielt dabei aber recht ordentlich mit. Dann geht's gegen die UdSSR. Und hier liegt eine Sensation in der Luft: Mehr als eine halbe Stunde steht es 0 : 0, ja die deutschen Stürmer vergeben sogar beste Tormöglichkeiten. Ein Zeichen für die Nervosität auf der sowjetischen Bank: Trainer Tichonow verpaßt Stürmerstar Makarow eine Ohrfeige. Am Ende doch ein klares 0 : 7 – die Deutschen haben beeindruckt, aber verloren. Ein zählbarer Erfolg endlich im dritten Spiel. Nach 147 Minuten WM-Eishockey das erste Tor, Grundlage für den 3 : 1 Sieg gegen Finnland. Das Thema Abstieg scheint vorzeitig ad acta gelegt. Nächster Gegner ist Kanada, und hier erlebt die

Kampf versetzt Berge. Überraschend gewann das deutsche Team das WM-Spiel gegen Kanada mit 5 : 3.

AGFA
27

In der Vorrunde spielten die Schweden überhaupt nicht weltmeisterlich.
Bild oben:
Schweden : CSSR 2 : 3

Bild links:
UdSSR : Schweden 2 : 2

Bild rechts:
Schweden : BRD 3 : 0.
Kießling kämpft an der Bande.

Bild oben: Ein klassischer Bodycheck des Sowjetrussen Fetisov im Spiel gegen Schweden.

Gesucht und gefunden: Bundestrainer Xaver Unsinn und sein Assistent Peter Hejma erwiesen sich als optimales Gespann, die selbst beim „Sikora-Skandal" die Übersicht bewahrten.

WM ihre erste Sensation: Von den wie bunt zusammengewürfelten Kanadiern offensichtlich unterschätzt, berauschen sich die deutschen Spieler an der eigenen Leistung – Endergebnis 5 : 3 für Deutschland. Endergebnis? Die Finnen, unterstützt von Kanadiern und Schweizern, legen Protest ein: Deutschland habe den in Polen geborenen Stürmer Miroslaw Sikora eingesetzt, obwohl er schon einmal für Polen an einer Weltmeisterschaft teilgenommen hat. Ob es sich bei jenem Turnier wirklich um eine offizielle Weltmeisterschaft gehandelt hatte, weiß niemand so genau, am wenigsten der Weltverband, dessen Generalsekretär schriftlich die Spielgenehmigung für Sikora erteilt hatte. Die Funktionäre des Weltverbandes tagen – Ergebnis: Deutschland werden die vier gewonnenen Punkte abgezogen. Ergebnis? Der DEB zieht vors Wiener Landgericht und bekommt recht. Der Weltverband legt Widerspruch ein, die Weltmeisterschaft findet tagelang mehr im Gerichtssaal als auf dem Eis statt. Das Chaos, der Skandal ist perfekt.
Die deutschen Spieler, geschockt, ermüdet von nächtelangen Diskussionen – die sofortige Abreise stand zur Debatte –, zermürbt, unterliegen den schwachen Amerikanern 4 : 6. Der durchaus realistische Traum vom Kampf um die Medaillen ist ausgeträumt. Schwacher Trost: Deutschland

behält die Punkte, schlägt zweimal die Schweiz und erreicht am Ende mit dem 6. Rang die beste Plazierung seit Jahren – und es wäre noch viel mehr drin gewesen!
Die UdSSR, die CSSR, Schweden und Kanada beginnen die Medaillenrunde mit 0 : 0 Punkten jungfräulich von vorne. Vergessen ist, daß die Sowjetrussen ihre Vorrundenspiele ohne Punktverlust abgeschlossen haben, die Schweden andererseits mit drei Niederlagen gerade noch in die Endrunde hineingerutscht sind. Aber dieses Reglement ist auch der UdSSR bekannt.
Die kann plötzlich nicht mehr gewinnen, schafft gegen Kanada und Schweden nur ein mageres Unentschieden. Dadurch hat die CSSR vor dem letzten Spieltag mit 5 : 1 Punkten die beste Ausgangsposition und kann bei einem Sieg über die UdSSR Weltmeister werden. Zuvor müssen die Schweden, von Spiel zu Spiel stärker geworden, gegen die Kanadier antreten. Für die NHL-Profis aus Übersee ist bestenfalls noch die Silbermedaille drin: wenig Motivation genug. Außerdem haben die trinkfesten Kanadier die WM-Wochen nicht selten nach dem Motto verbracht: „Lieber vom Wiener Nachtleben gezeichnet, als von Dürer gemalt!" Kaum sensationell dann auch das Ergebnis: Schweden schlägt Kanada spielend 9 : 0.

Überraschungsweltmeister Schweden

Wenn die sensiblen Tschechoslowaken die Sowjetrussen schlagen, sind sie Weltmeister. Die UdSSR benötigt zur Titelverteidigung einen Sieg mit neun Toren Unterschied, und den Schweden reicht schon ein Unentschieden im letzten Spiel dieser WM.
Und in der Tat: Bis neun Minuten vor Schluß führt die CSSR mit 1 : 0, hat den Titel schon so gut wie sicher und verliert am Ende doch noch mit 1 : 2. Schweden ist Weltmeister!
Die Sowjetunuion landet auf dem 2. Platz, und die CSSR muß sich mit der Bronzemedaille zufrieden geben. Der Erfolg der Skandinavier ist eine Sensation – aber nicht unverdient. Sie haben mit schnellem, technisch hervorragendem und intelligentem Eishockey begeistert.
Die großartige Leistung der deutschen Mannschaft schlägt sich am Ende in der Journalistenwahl zum All-Star-Team nieder: Unter den sechs besten Spielern dieses WM-Turniers sind ein Tschechoslowake, drei Sowjetrussen und die beiden Kölner Udo Kießling und Gerd Truntschka.

Köln schafft die Titelverteidigung

25 Jahre hat es gedauert, bis einem deutschen Eishockeyverein das gelang, was anderswo üblich ist: eine Titelverteidigung.

Düsseldorfer EG im zweiten Halbfinale in nur drei Spielen vom Kölner EC regelrecht abgefertigt. Köln gegen Mannheim lautet also die Paarung für die Endspiele. Und wieder eine klare Sache: Drei Begegnungen, drei Kölner Siege (8 : 1, 9 : 1, 7 : 3) – die Titelverteidigung, die letztmals dem EV Füssen gelang, und die fünfte Meisterschaft für die Kölner „Haie".
Erstmals erlebten mehr als eine Million Zuschauer in den Stadien eine Meisterschaftssaison, in der sich Köln ohne jeden Zweifel als beste Mannschaft mit den besten Spielern erwies.

Marcel Reif

Daß gerade die Kölner Haie dieses Kunststück fertigbrachten, unterstreicht die Klasse und die Überlegenheit der Domstädter. In den beiden letzten Jahren haben sie sich gezielt verstärkt – mit einer guten Mischung aus erfahrenen Stars und fleißigen Wasserträgern. Mit dieser Mannschaft schafften sie einen nur selten gefährdeten Durchmarsch durch Vorrunde und Play-Offs. Nur durch eine bessere Tagesform gelang es den anderen Mannschaften ab und zu, die de Raafs, Kießlings, Truntschkas und Steigers zu besiegen. Zu Saisonbeginn vor allem der ESV Kaufbeuren, als die Allgäuer – getragen von einem selbst überraschten, begeisterten Publikum oft genug über sich hinauswuchsen. Mit dem SB Rosenheim verabschiedet sich, nach drei Niederlagen gegen den Mannheimer ERC, der letzte Verein aus der einstigen Eishockey-Hochburg Bayern schon im Halbfinale aus dem Rennen um die Deutsche Meisterschaft. In diesem Zusammenhang ein Blick voller Wehmut nach unten: der SC Rießersee ist zweitklassig. Wie schwer der Wiederaufstieg für die Garmischer werden dürfte, machen die Beispiele EC Bad Tölz und EV Füssen deutlich. Ein bedeutendes Stück Eishockeygeschichte droht in der Versenkung zu verschwinden. Tradition schlägt sich in keiner Tabelle nieder, nur Tore und Punkte zählen. Den Platz des SCR wird Preußen Berlin einnehmen: Die Wachablösung, der sich seit Jahren abzeichnende Trend gen Norden in die Großstädte, scheint vollzogen.
Zurück zum Titelkampf: Wie Rosenheim von Mannheim, wird trotz des einmaligen Publikums an der Brehmstraße auch die

Die Eishockeybundesliga gewinnt an Attraktivität. Souverän wurden die Kölner Haie Deutscher Meister. Spielszene aus der Finalbegegnung Köln : Mannheim.

Eiskunstlauf

Katarina Witt begeistert selbst die Konkurrenz

Links: K. Witt, Welt- und Europameisterin. Oben: Bestemjanowa/Bukin beherrschten den Eistanz; Mitte links: Weltmeister B. Orser; Mitte rechts: Europameister A. Fadejew; unten: U. A. Becherer/F. Becherer, die deutschen Meister im Eistanz.

Die Eiskunstlaufsaison 1987 kürte mit Katarina Witt den herausragenden Star dieser Saison zur verdienten Weltmeisterin. Schon im Februar lief es für sie bei den Europameisterschaften nach Plan. Den Rückstand aus der Pflicht machte sie mit einem fehlerfrei und souverän vorgetragenen Kürprogramm mehr als wett. Dann die WM in Cincinnati. Nach einem enttäuschenden 5. Pflichtplatz sollte das Kurzprogramm eine wichtige Vorentscheidung bringen.
Von den kürstarken Läuferinnen beging nur die amerikanische Titelverteidigerin Debbi Thomas einen schwerwiegenden Fehler. Als einzige zeigte sie die schwierige Sprungkombination Doppel-Toe-Loop/Dreifach-Toe-Loop, vergaß dann aber offensichtlich, daß auch ein Doppelaxel der nötigen Konzentration bedarf. Der Griff auf das kalte Eis bei der Landung bedeutete Abzüge von 0,4 Punkten im technischen Wert und somit den 7. Platz in dieser Disziplin. Jetzt war die Konstellation vor der entscheidenden Kür denkbar knapp: Katarina Witt vor Debbi Thomas. Wer von beiden die Kür gewinnt, ist Weltmeisterin. Ein Tie-Break, ein Foto-Finish, ein Stechen oder eine Verlängerung wären vergleichbare Finalentscheidungen in anderen Sportarten. Debbi Thomas gelang in dem mit 15 000 Menschen prall gefüllten Riverfront Colliseum alles, was sie konnte, und sie wurde von ihren Landsleuten frenetisch gefeiert. Noch während des nicht enden wollenden Applauses zog eine blasse Katarina Witt ihre Aufwärmkreise. Aber schon nach 110 Sekunden war allen klar, daß sich die Karl-Marx-Städterin ihren Titel zurückerobert hatte. Mit dem dreifachen Rittberger gelang ihr ein Sprung, den sie seit vier Jahren in keiner anderen Meisterschaft mehr riskiert hatte. Den Rest der Kür trug die 21jährige Schauspielschülerin so sicher und überzeugend vor, daß sich die geschlagene Weltmeisterin zu Zugeständnissen hinreißen ließ: „Dieses Mädchen ist einfach erstaunlich. Sie geht raus und tut das, was ein Champ zu tun hat."
Und Claudia Leistner? Die Deutsche Meisterin der letzten Jahre scheint verzweifelt. Bei der Europameisterschaft mit Spitzenleistungen in allen Disziplinen um eine Medaille betrogen, versicherte

man ihr von allen Seiten, daß sich das Preisgericht bei der Weltmeisterschaft wohl revidieren würde... In Cincinnati belegte sie jedoch nur einen enttäuschenden 6. Platz. Sportlich steht Claudia den anderen Weltklasseläuferinnen in nichts nach, wohl aber in der Interpretation der Musik. Ihr Trainer Ondrej Nepela hat dies erkannt. Leider zu spät, denn er kam erst im Herbst 1986.
Wo in Moskau Designer und Schneider aus dem Bolschoj-Theater für die Kostüme der Eiskunstlaufinterpreten sorgen, muß Mutter Leistner in Ludwigshafen selbst das Kürkleid nähen. Wo in Colorado Springs oder Karl-Marx-Stadt Ballettänzer und Choreographen Spitzenläufern zur Seite stehen, muß bei Claudia ein Kurzlehrgang bei Uschi Kessler genügen. Wo in längst vergangener Zeit ein Trainer für Kunst und Athletik verantwortlich zeichnete, müssen heute Arbeitsgemeinschaften gebildet werden, um die Läufer optimal vorbereitet in die Arena zu schicken. Das hat auch die Deutsche Eislauf-Union erkannt. Sportdirektor Peter Krick: „Wir brauchen Choreographen, die mit Läufern und Trainern die Küren einstudieren, um sie besser verkaufen zu können."
Uschi Kessler zum Beispiel betreut ganzjährig den neuen Weltmeister Brian Orser aus Kanada, der endlich einmal seiner Favoritenrolle gerecht wurde. Seit drei Jahren steht er mit Alexander Fadejew (UdSSR) und Brian Boitano (USA) in verschiedenen Formationen zusammen auf dem Treppchen. In diesem Jahr ist der Kanadier, der mit seiner sprungstarken Kür alle übertraf, zum erstenmal ganz oben. Auch den Kalifornier Brian Boitano, der in Cincinnati Eislaufgeschichte schreiben wollte, besiegte er. Beim Einlaufen hatte der den vierfachen Toe-Loop noch einwandfrei gestanden. 75 Sekunden nach Beginn seiner Kür landete er diesen Jahrhundertsprung unsanft auf dem Hosenboden. Alexander Fadejew, ein Mann, der sonst nur im oberen Drehzahlbereich agiert und stets mit kühnen Sprungkombinationen überrascht, konnte bei der Europameisterschaft sein Sprungstakkato noch eindrucksvoll vorführen. In Cincinnati wirkte er, als hätte er einen Gang zu tief geschaltet. Aber es gibt eine Erklärung: Fadejew hatte auf Grund einer Verletzung drei Wochen kürzer treten müssen.
Mit einer ausgeglichenen Leistung wurde der Deutsche Meister Richard Zander (Wiehl) Neunter

Nur einen Winter lang war sie die Primaballerina – Debbi Thomas, entthronte Weltmeisterin.

Claudia Leistner spürte die Härte ihres Metiers – bei der EM Vierte und bei der WM Sechste.

und belegte damit den von ihm anvisierten Platz. Für erregte Gemüter sorgte ein unangenehmer Zwischenfall bei der Europameisterschaft. Benjamin T. Wright, Schiedsrichter in der Paarlauf-Kategorie, wollte die Kür des sowjetischen Paares Jekatarina Gordejewa und Sergej Grinkow abpfeifen: Sergej Grinkows Hosensteg war gerissen, und Mr. Wright sah sich aus Sicherheitsgründen dazu veranlaßt, die Kür zu unterbrechen. Die Musik

Wegen eines gerissenen Hosenstegs bei der EM außer Wertung, glänzte das sowjetische Eiskunstlaufpaar Gordejewa/Grinkow in Cincinnati/USA als Weltmeister.

brach ab, doch die Weltmeister des Vorjahres liefen weiter, als wäre nichts geschehen. Gordejewa/Grinkow hätten die Kür nach Mr. Wrights Abpfiff wiederholen oder sie nach der Unterbrechung fortsetzen können. Doch diese Regel war ihren Betreuern wohl unbekannt. So blieb für das Paar nur die Disqualifikation. Beide waren dann auch zu erschöpft, um die Höchstleistung am Ende der Veranstaltung zu wiederholen. Nichtsdestotrotz, in Cincinnati wurden sie mit einer überragenden Leistung erneut Weltmeister.
Daß auch das Eistanzen von den Sowjetrussen beherrscht wurde, zeigte das Duell Natalia Bestemianowa/Andrej Bukin und Marina Klimova/Sergej Ponomarenko. Ob nun die bizarre Darbietungskunst der einen zur Musik aus „Cabaret“ oder das elegante Dahingleiten der anderen zur „Ungarischen Rhapsodie“ von Franz Liszt mehr Anklang findet, liegt am persönlichen Empfinden eines jeden Einzelnen. Technisch sind die beiden Paare gleichwertig. In diesem Jahr standen Bestemianowa/Bukin ganz oben auf dem Siegerpodest.

Rudi Cerne

Toni Mang auf dem Weg zum 5. Weltmeisterschaftstitel. Er siegte in dieser Saison so oft wie kein anderer. Sein 41. Grand Prix Sieg brachte ihm vorzeitig den Titel.

Motorsport

Alter schützt vor Titel nicht: Toni Mang ganz oben

Motorrad-Weltmeisterschaft

Er ist wohl wirklich der Beste, war's schon Anfang der achtziger Jahre und ist es auch heute wieder. Toni Mang sammelt in einem Alter Siege und Titel, in dem viele andere Sportler schon einen Gang zurückgeschaltet haben. Die Anerkennung der Konkurrenz für den 38 Jahre alten Bayern klingt zugleich wie ein Seufzer. „Jetzt steht der schon wieder oben", stöhnte Loris Reggiani, ein Junger, der sich anschickt, in das 250er-Establishment aufzurücken.

Der Weg dorthin ist beschwerlich. Die besten Plätze sind von den Älteren besetzt, von Toni Mang etwa, der vor 1987 schon viermal Weltmeister war, oder von Carlos Alberto Lavado Jones, ein Name so klangvoll wie die Erfolge seines Trägers, oder von Reinhold Roth, dem Aufsteiger des Jahres. Sie, die 30 Jahre und älter sind, setzen die Akzente. Ausnahme: Loris Reggiani mit seiner Aprilia-Rotax. Der Rest fährt Honda oder Yamaha. Weltmeister wird nur, wer teure Werksmaschinen dieser Firmen fährt.

Ende einer Hoffnung – Martin Wimmers Titeltraum zerrann beim Sturz in Hockenheim – doppelter Knöchelbruch.

Und die erhält lange nicht jeder. 600 000 Mark kosten zwei Maschinen für eine Saison. Das Geld von Sponsoren, zumeist aus der Tabakbranche, macht's möglich. Für die anderen, jenseits des Dutzends der Werks- und Sponsorengünstlinge, bleiben die Produktionsmaschinen der verschiedenen Werke übrig, nur 30 000 Mark für das Stück, schwerer und langsamer als die Motorräder der Güteklasse Eins, also chancenlos.

So schnell wie in der 250er Klasse fuhren deutsche Fahrer anderswo kaum. Vielleicht noch Gerhard Waibel auf der 80er Krauser. Gustl Reiner in der 500er-Kategorie blieben allenfalls Achtungserfolge. Wen wollte es angesichts des Werksmaterials der anderen wundern?

Mehr als eine Statistenrolle war allerdings auch für Freddie Spencer nicht frei. Der einst als Wunderfahrer gepriesene Amerikaner, 1985 noch Weltmeister in beiden großen Klassen zugleich, plagte sich wieder mit Verletzungen und dem Vorwurf neidvoller Fahrerkollegen, wehleidig und auch wohl etwas überschätzt worden zu sein. Der Mormone Spencer hat nur wenige Freunde auf der Rennstrecke, und es fällt ihm schwer, wieder Anschluß an die Schnellsten dieses

Reinhold Roth – Bild oben –, der Aufsteiger des Jahres. Toni Mang und Reinhold Roth bestimmten das Geschehen in der 250er Klasse. Gerhard Waibel – kleines Bild –, der lachende Dritte in der 80er Klasse.

Jahres zu finden, an Wayne Gardner, Randy Mamola oder Eddie Lawson. Möglich, daß er demnächst den Arbeitgeber wechseln muß. Aber weg von Honda und nicht zu Yamaha bedeutet: keine Titelchance 1988. Toni Mang hat es da besser und somit den Platz oben in der Motorradhierarchie sicher. Denn Firma und Fahrer sind miteinander zufrieden. Wohl dem, der erfolgreich ist.

Formel 1
Das letzte Rennen, 19 Runden vor dem Ziel, Prost vor Piquet und Mansell. Der dritte Platz hätte genügt. Da zerbarst bei Tempo 300 ein Hinterreifen am Auto des Engländers. Pech für Nigel Mansell – oder Glück, aus dieser Situation unbeschadet herausgekommen zu sein. „Ich bin froh, daß ich lebe", war sein Kommentar zu dem entgangenen Weltmeistertitel 1986. Den gewann mit dem letzten Tropfen Benzin der Franzose Alain Prost, zum zweiten Mal hintereinander. Für McLaren und Porsche war es der dritte Erfolg in Reihenfolge. In diesem Jahr wird kein weiterer folgen. Denn zu groß ist der Vorsprung der beiden Williams – Honda.
Und die Schlagzeilen lebten so vornehmlich vom Zwist zweier Fahrer: Nigel Mansell und Nelson Piquet in Diensten von Frank Williams. Der Brasilianer, einst als die Nummer Eins mit einer Gage von über drei Millionen Dollar verpflichtet, und der Engländer, als Aufsteiger der Branche mit weniger als einer Million entlohnt. Piquet, der Leichtlebige aus wohlhabendem Haus, Mansell, der treue Familienvater, der damals sein Haus verkaufte und Bittbriefe schrieb, um in die Formel 1 aufgenommen zu werden. Der eine fühlt sich wegen fehlender Stallregie seiner Vorrechte beraubt, der andere hält den Konkurrenten, der eigent-

Zweiter Startversuch beim Großen Preis von Österreich in Zeltweg 87

Bild rechts oben: Start am Hungaria-Ring – der Formel-1-Circus erobert den Ostblock. Von der Pole-Position in Führung, wie so oft in dieser Saison, die beiden Williams

Bild rechts unten: Teamchef Erich Zakowski mit seinem deutschen Zakspeed-Team beim, leider allzu häufigen, Boxenstop

lich Gefährte sein sollte, für überbezahlt. Verbissenes Gegeneinander.
In Hockenheim, während des Großen Preises von Deutschland, soll Piquet sogar seinen Bordfunk, der ihn mit der Box verbindet, auf den Kanal von Mansell umgeschaltet haben, um gerade zu dem Zeitpunkt, als der Engländer einen Reifenwechsel ankündigte, selbst an die Box zu fahren und damit den Rivalen zu blockieren. Die Konkurrenz verdiente ihren Namen in diesem Jahr nicht. Sie alle, ob McLaren, Ferrari, Brabham oder Benetton, spielten nur Nebenrollen. Erst recht Zakspeed. Ein kleiner Etat und dazu lange Zeit Ärger mit der Elektronik. Doch den „Sand im Getriebe" beim Namen zu nennen, verbietet der Vertrag. Außerdem der unterlegene Antrieb, ein 4-Zylinder Turbo, stärker zwar mit 900 PS als die Saugmotoren, aber schwächer als die 6-Zylinder Turbos von Honda und Porsche, was an den Spielregeln und der Bauweise dieser Aggregate liegt. Denn die durch das neue Reglement vorgeschriebene Leistungsreduzierung durch den auf 4 bar begrenzten Ladedruck können die großen 6-Zylinder durch höhere Drehzahlen besser auffangen als die kleinen 4-Zylinder. 11 500 Umdrehungen bei Zakspeed, 14 000 bei Honda. Im nächsten Jahr wird es für alle Turbobauer gleichermaßen schwierig. Denn dann darf nur noch mit 2,5 bar Ladedruck gefahren werden. Autos so um die 600 PS sind zu erwarten. Der zulässige Benzinverbrauch wird von derzeit 195 auf 150 Liter gesenkt. Eine technische

Herausforderung, der sich nur wenige Rennställe angesichts der Kosten für das Übergangsjahr stellen werden. Denn für Saugmotoren gilt diese Grenze nicht, und 1989 bestimmen sie die Szene ohnehin allein.
Vielleicht auch wieder Honda, wohl kaum aber Williams. Die englisch-japanische Gemeinschaft zerbricht. Piquet wechselt zu Lotus und fährt weiter mit Honda. Senna arbeitet für McLaren, das Porsche gegen Honda tauscht. Williams behält Mansell, verliert aber die Japaner, weil sie in Piquet vernarrt und von dem Engländer enttäuscht sind. Nie hat er sie zu Tests im Fernen Osten besucht. Ein verrücktes Geschäft.

Ralley

Das war einmal: Flügelbewehrte Karossen aus Blech und Plastik. Über 500 PS. Raketenhafte Beschleunigung in Grenzbereiche der Physik. Kuppeln, Schalten, Gasgeben so schnell, daß das Denken kaum noch mitkommt – Rallyefahren mit Autos der Gruppe B. Seit den tödlichen Unfällen von 1986 sind die Spielregeln verändert. Rallye heute darf nur mehr bestreiten, wessen Auto innerhalb von 12 Monaten wenigstens 5000mal gebaut worden ist. Höchstens 300 PS sind noch erlaubt. Gut so, sagen die Fahrer, auch Walter Röhrl, obwohl es doch weh tut. Aber diese irren Kreationen von Peugeot, Lancia oder Audi verlangten Fahrer der Extraklasse. „Alles, was du in diesem Auto gemacht hast, mußte im

In jeder Lage vorn – Lancia Delta HF 4 x 4 und seine drei Fahrer – hier das Gespann Massimo Biasion/Siviero.

voraus passieren. Wenn du erst gewartet hast, bis etwas fällig war, dann warst du fällig.“ Röhrl hängt mit seinem 200er Quattro hinter der Konkurrenz her. Peugeot ist unter den neuen Bedingungen nicht mehr dabei. Die Ralleyweltmeisterschaft 1987 ist gleich Lancia. Vergessen die Vorwürfe vom Anfang, betro-

Nur ein Sieg in diesem Jahr für Audi bei der Safari-Ralley, wo Mikkola/Hertz siegten.

Gespräch über die Ralley-Zukunft von Firma und Team zwischen Röhrl und Gaisdörfer

gen zu haben. Niemand konnte den Italienern widerstehen. Audi nicht, weil das Auto zu schwer und zu selten am Start war, Mazda nicht, weil ohne ausreichende Erfahrungen mit dem allradangetriebenen Fahrzeug, VW nicht, weil der Golf nicht stark genug war. Noch nie entschied sich die Markenweltmeisterschaft so früh, und schon lange nicht mehr hatte ein Italiener mit einem italienischen Auto so gute Aussichten auf den Titel. Massimo Biasion gewann dank der Regie seines Chefs, Cesare Fiorio, gleich die erste Rallye der Saison in Monte Carlo. Teamkollege und Weltmeister Juha Kankunen folgte der Aufforderung zur Niederlage unwillig, parkte sein Auto kurz vor der Zeitkontrolle und ließ sich – sichtbar für alle – von Biasion überholen. Markenraison geht eben vor Einzelinteresse.
Walter Röhrl war im ersten Jahr nach dem Verbot der Gruppe-B-Fahrzeuge offenbar ohne Begeisterung unterwegs.

Nach dem zweiten Platz in Kenia schimpfte er, anstatt zu feiern. Im Hunsrück stieg er vorzeitig aus, brüskierte seinen Arbeitgeber und sprach von baldigem Rücktritt. Kein Spaß mehr? Sein neues Auto unterlegen, ja, aber an die Gruppe B bleibt Walter Röhrl nur die Erinnerung: „Mensch, du warst ein ganz schöner Trottel, das war viel zu gefährlich, was du da gemacht hast. Aber im Moment des Tuns war es unheimlich toll. Und allein das zählt im Leben."

Werner Humpert

Bild links oben: Eisspeedway – Faszination in der Eiskurve
Bild links unten: Tourenwagen-Weltmeisterschaft. Zweikampf zwischen Ford und BMW – jeder Weg ist recht.
Bild oben: Supercup der Prototypen – Tummelplatz für ehemalige Formel 1 Fahrer
Bild unten: Motocross – Querfeldein über Stück und Stein

Schwimmen

Die Staffel des Jahrhunderts – oder wenn alles stimmt

Das Zucken der Beine kommt fast gleichzeitig mit dem Startsignal. Im Sprung droht die Lunge zu platzen, wieder zu plötzlich geatmet. Die Hände, wie eine Hängematte gewölbt, berühren die Wasseroberfläche. Der Körper taucht ein. Gerhard würde sagen, es sei ein optimaler Start gewesen.
Den Kopf kurz nach rechts gedreht. Nicht schlecht, Hinneburg muß gepennt haben. Das nächste Mal atme nach links! Caron, der Franzose! Der peitscht ja jetzt schon. Die Wende mußte ja schiefgehen. Immer diese komische Stille, wenn du abtauchst. Bleib ruhig, du mußt nur deinen Rhythmus halten, würde Gerhard jetzt sagen. Gleich schwimmst du näher ran bei der Wende, dann hast du mehr Wucht beim Abstoßen. Drei Züge noch, das kommt hin. Runter, Drehen, Super! Daß du in dieser Situation spürst, wie rauh der Mörtel in den Kachelfugen ist, verrückt. Schluß jetzt, du mußt Tempo machen. Daß du die Schreie hören kannst, die stakkatoartigen

Rainer Henkel – in Straßburg auf seiner Spezialstrecke „nur" Zweiter

Pfiffe von Gerhard, obwohl doch das Wasser in den Ohren ist. Warum schreien die so? Nach links atmen! Die Welle – das Schlimmste, was dir jetzt passieren kann! Der Caron läßt nach. Deshalb kriegst du seine Welle ab. Drei Züge noch, jetzt ab, runter, dreh dich, bring die Beine, jetzt hoch, los, fünfzig Meter noch, den Caron hast du gleich! Junge, dich pack ich jetzt! Hast mich nicht ernst genommen, weil ich der Jüngste hier bin. Das Ziehen in den Oberarmen wird stärker, der Beinschlag schmerzt. Warum kommen die Anderen nicht?
Mein Gott, wie die schreien! Gleich bist du da, zwei Meter noch! Das paßt genau. Drück auf die Fingerspitzen! Wie dein Herz rast. Warum toben die denn so? Wo ist die Anzeigetafel? Nimm die Brille ab! Da! Ist das ...?
Der 17jährige Kölner Peter Sitt schlug als Startschwimmer der 4 x 200 m Freistil-Staffel als Erster an und verbesserte seine persönliche Bestzeit um 73/100 Sekunden. Es war sein 1. Start bei einer Europameisterschaft.

Du wirst ihnen zeigen, wieviel Unsinn sie über dich geschrieben haben. Als Weltmeister würdest du die Europameisterschaften nicht ernst nehmen. So ein Quatsch. Wir werden ihnen zeigen, wer wir sind. Nicht wie damals in Los Angeles. Oder in Madrid, letztes Jahr. 75 Hundertstel, die die DDR vor uns war.
Der Flemming kommt! Du darfst ihn nur nicht weglassen, die Schnellsten kommen ja noch. Die vorletzte Wende, sieh zu, daß du nicht wieder so dicht aufschwimmst! Mehr Beinschlag jetzt, Flemming kommt auf den letzten 100 Metern, wie in Madrid.
Wenn er jetzt kommt, versuch nicht zu kontern. Einer wie der, der das ganze Jahr nur kurze Strecken schwimmt, kann ein ganz anderes Tempo gehen. Gut, daß er dich jetzt bei der Wende holt, war ja kalkuliert. Laß ihn nur nicht so weit weg!
In Madrid hast du dich zu früh geschlagen gegeben. Dreißig Meter noch, du mußt noch mal ran, du kannst die Anderen nicht hängen lassen. Verdammt, dieses Ziehen in den Beinen! Ist das wirklich so eng? Die Leute schreien ja wie wahnsinnig!
Thomas Flemming aus der DDR war zwar 0,7 Sekunden schneller, die Staffel der Bundesrepublik aber behauptete ihren Vorsprung von einer halben Sekunde. Rainer Henkel schwamm schneller als je zuvor.

Das war doch alles ganz anders geplant, was sollst

Sitt, Fahrner, Groß und Henkel – der Fabelweltrekord

du denn jetzt machen? Festbeißen solltest du dich an dem aus der DDR, das Rennen bestenfalls offenhalten für Michael. Aber wir führen ja!
Soll ich Tempo machen? Gestern bin ich vielleicht zu langsam angegangen. Immerhin: Sechstschnellster in Europa. Verdammt, das hier ist die Staffel, unsere Staffel, ein Fehler jetzt, und die Anderen sind angeschmiert.
Bleib wenigstens vorne, so lange es geht!
Zesner, den kenn ich kaum. War letztes Jahr noch nicht dabei. Du mußt als Erster wenden! Wenn du ihm jetzt schon das Gefühl gibst, er kann dich packen ... Da ist er! Na gut, festbeißen! Aber der kommt ja mit jedem Zug!
Mist, er wendet vor dir. Michael kann aufholen,

Karin Otto (DDR) und Svenja Schlicht; oben Michael Groß

gut, aber du mußt vorher noch für ihn arbeiten. Du mußt, auch für die Anderen! Du hättest den Sieg verschenkt, würden die Zeitungen morgen schreiben.
Er sei ganz einfach ertrunken, würden Peter, Rainer und Michael sagen.
Thomas Fahrner aus Offenbach schwamm schneller als Sitt und Henkel vor ihm. Das deutsch-deutsche Duell aber geriet zu einem Staffelrennen der Superlative.

Wenn du die Schreie noch beim Absprung hören kannst, dann muß es besonders knapp gewesen sein.
Hast du den aus der DDR schon im Sack!
Lodziewski heißt dein einziger Gegner jetzt.
Ich werde ihn genau beobachten, werde eine Armlänge zurückbleiben. Das wird ihn in Sicherheit wiegen. Die Sicherheit, die er nun seit gut 120 Metern hat. Jetzt, wenn du ihn schlagen willst, dann jetzt!
Die letzte Wende. Wenn du jetzt das Tempo erhöhst, wird er nicht mithalten können. Die halbe Sekunde, die er braucht, um zu begreifen, wird unser Sieg sein. 40 Meter noch, unglaublich, er kann mithalten!
Aber du führst! '84 in Los Angeles bist du auf den letzten Metern geschlagen worden und du hast dir geschworen, das würde nie mehr passieren.
10 Meter noch, das muß doch gepackt sein, er kann doch nicht mehr!
Jetzt, schlag an, los! Du hast gewonnen, wir haben gewonnen!
Warum schreit denn Tommy so?
Warum faßt sich Rainer an den Kopf?
Warum sinkt Peter auf die Knie?
Die 4 x 200 m Freistil-Staffel des DSV mit Peter Sitt, Rainer Henkel, Thomas Fahrner und Michael Groß schaffte einen neuen Weltrekord.
Mit 7 Minuten und 13,10 Sekunden war sie 2,59 Sekunden schneller als die USA 1984.
Fachleute meinten, dieser Weltrekord sei nur möglich gewesen, weil alle vier Schwimmer in diesem einen Rennen normale Leistungsgrenzen überschritten haben.
So etwas komme selbst in der schnellebigen Schwimmszene nur einmal in dreißig Jahren vor.

Thomas Wark

Wasserball

Wenn die Form nicht zum richtigen Zeitpunkt stimmt

Mit dem vierten Platz bei der Europameisterschaft erreichte man sowohl bei den Frauen als auch bei den Männern das erklärte Ziel des Deutschen Schwimm-Verbandes. Hierbei zeigten längst nicht alle Spieler ihr optimales Leistungsvermögen, und mannschaftliche Harmonie sowie taktischen Fähigkeiten waren trotz monatelanger Vorbereitung unzureichend. Die Entscheidung über die Europameisterschaft fiel zwischen Jugoslawien und der Sowjetunion, die den Titel mit einem Punkt Vorsprung gegenüber Jugoslawien gewannen. Die DSV-Mannschaft, die mit dem dreimaligen Europapokal-Sieger Spandau 04 oft genug erfolgreich demonstrierte, daß man auch jugoslawische und sowjetische Teams schlagen kann, verlor im entscheidenden Spiel um den dritten Platz auch noch gegen Italien, den, neben den beiden Favoriten, einzigen ernstzunehmenden Gegner. Dies zeigte letztendlich, daß die deutsche Mannschaft bei dieser Europameisterschaft ihre Bestform nicht erreichte und somit auch keine Medaille verdient hat.

Bei der Europameisterschaft verlor die deutsche Nationalmannschaft gegen die favorisierten Sowjetrussen mit 10 : 11.

Fechten

Emil Becks Medaillensammlung wächst und nimmt kein Ende

26. Juli 1987, gegen 22.00 Uhr, werden die Scheinwerfer des „Palais de Beaulieu“ abgeschaltet, die erfolgreichen Fechtweltmeisterschaften 1987 sind beendet.
Das Resümee: Die Fechterinnen und Fechter der Bundesrepublik – oder sollte man doch trefflicher schreiben, die aus Tauberbischofsheim – haben drei Gold- und drei Silbermedaillen gewonnen, sind damit die erfolgreichsten auf der Welt, zum ersten Mal in dieser klassischen Sportart.
Und für einen ist an diesem Abend ein Traum in Erfüllung gegangen: für Emil Beck, Cheftrainer aller Waffengattungen, 52 Jahre alt. Irgendwann, vor etwa 37 Jahren, begann der unaufhaltsame Aufstieg: In einem Nebenzimmer des „Gasthaus zum Schwanen“ in Tauberbischofsheim wird eine Fechtabteilung gegründet. Mit dabei Emil Beck, 19 Jahre alt, als Trainer! 1969, also 15 Jahre nach der Gründung, hatte Emil Beck sein erstes Ziel erreicht. Vier von acht möglichen Titeln brachten seine Sportler mit von den

Geschlagen: Zita Funkenhauser unterliegt im Florett-Finale der Rumänin Tufan.

290
290

Florett-Gold für die Mannschaft: Matthias Behr (oben rechts) und Torsten Weidner (001)

deutschen Meisterschaften. Das berechtigte zu den schönsten Hoffnungen, denn sie waren noch alle sehr jung. Harald Hein etwa, Reinhold Behr oder Jürgen Hehn, zwischen 18 und 23 Jahren alt. Und trotz all dieser Erfolge auf der nationalen Ebene, ihr Lehrmeister Emil Beck war umstritten im Verband. Sehr umstritten, denn dieser junge Autodidakt hielt nichts von den steifen Traditionen der damals noch so elitären Fechterzunft.

Mai 1970, meine Kamerakollegen und ich sitzen im Gründungslokal, im „Gasthaus zum Schwanen". Dorthin hatte uns Beck bestellt „Punkt 14.00 Uhr", zur Vorbesprechung für den Film, den wir über ihn und seine Musketiere machen sollten.
13.55 Uhr kommt er herein, steuert direkt auf uns zu „Ihr seid die Leute vom Fernsehen, schön, daß Ihr da seid, der Wirt bringt gleich ‚ein Viertele' auf mich, denn ich muß noch geschwind ..."
„Ich muß noch geschwind", wie oft habe ich das von Emil Beck gehört, ich weiß es nicht, aber eins ist ganz sicher: dieser Halbsatz charakterisiert diesen ungewöhnlichen Mann.
Zweiter Drehtag, 7.00 Uhr morgens. Training der Besten, der sogenannten Leistungsträger. Die Halle, in der es stattfindet, riecht nach Turnvater Jahn, so alt ist sie. Aber diese Halle ist ein großer Fortschritt, noch drei Jahre zuvor wurde im Heizungskeller unter einer alten Schule geübt.
Emil Beck war damals und ist auch heute ein knallharter, ein autoritärer Trainer. Und er war und ist ein überragender Organisator. Damals bündelte er erfolgreich mit den regionalen Kapazitäten, der heimischen Industrie, den Standortkommandanten der Bundeswehr, dem Schulrat und dem Bürgermeister. In der Gegenwart haben auch die Chefetage von Mercedes Benz, der Ministerpräsident von Baden-Württemberg, Späth, und auch Duzfreund Helmut Kohl für die Beckschen Bedürfnisse ein offenes Ohr.
Diese Bedürfnisse begründet er mit der These, daß wir in einer Leistungsgesellschaft leben, und diese Leistungsgesellschaft will auch Erfolge (sprich Siege) von ihren Sportlern sehen. Also muß diese Gesellschaft auch etwas für sie

202
EBEL

Emil Beck und der legendäre Heizungskeller, mit den oft zitierten Heizungsrohren, in dem alles begann:
Links: Volker Fischer – Degen-Weltmeister, Zita Funkenhauser – Florett-Vizeweltmeisterin und Mathias Gey – Florett-Weltmeister.

tun – in jeder Beziehung. Zurück ins Jahr 1970. Vierter und letzter Drehtag, Grillabend zum Abschied. Emil, ich darf ihn natürlich längst duzen, ist jetzt nur noch Mensch. Fröhlich, mit sprühendem Witz, erzählt er von den Anfängen, und Schoppen um Schoppen werden die Anekdoten witziger. Sommer 1976, in Tauberbischofsheim ist es Mitternacht. Im Wohnzimmer des Hauses der Familie Beck haben sich Angehörige und Freunde versammelt, und wir vom ZDF sind auch dabei. Auf dem Programm der Olympischen Spiele von Montreal steht das Finale mit dem Degen. Es ist längst nach 2.00 MEZ, jetzt geht es um Gold: Jürgen Hehn gegen Alexander Pusch, beide aus der BRD, beide aus Tauberbischofsheim, beide Schüler von Emil Beck. Einer aus „TBB" wird Olympiasieger! Montreal, Fechthalle, Alexander Pusch setzt den entscheidenden Treffer gegen seinen Freund, wird damit Olympiasieger, so jung war noch keiner. Emil Beck, so erzählen alle Beobachter vor Ort, hat zuerst Jürgen Hehn beglückwünscht.

Spätherbst 1985, Bonn. Längst ist Emil Beck aufgestiegen, auch in die Gremien der politischen Macht. Er ist nun, wenn man so will, allgegenwärtig. Wir vom ZDF sind für den Jahresrückblick dabei, als er in den Sportausschüssen des Bundestages für neue Formen der Unterstützung aller Hochleistungssportler argumentiert. Er buhlt natürlich auch, um Geld, um Gunst, um berufliche Möglichkeiten für seine Sportler. Nach der Sitzung vertraut er mir das Lenkrad seines tollen Autos an, wohlwissend, daß ich ein Autoverrückter bin. Von Bonn bis Siegburg erklärt er mir, daß es in den nächsten Jahren (das sich inzwischen leider bestätigt hat) bergab gehen wird mit den olympischen Sportarten, der Leichtathletik zum Beispiel. Sprach's und machte ein Nickerchen. Um 20.00 Uhr ist „Lektionieren" angesagt mit Matthias Gey und Matthias Behr...
Juli 1987. Lausanne, Fechtweltmeisterschaften. Im Finale des Herrenflorett stehen sie sich gegenüber: Mathias Gey und Matthias Behr. Gey gewinnt, und, wie wir wissen, es gab ja noch jede Menge weitere Erfolge. Nun also sind sie die Erfolgreichsten der Welt!
14. September 1987, 20.00 Uhr, im „Gasthaus zum Schwanen" in „TBB". Wir sind „pünktlich" um 20.00 Uhr mit dem erfolgreichsten Sportmacher aller Zeiten – 8 Olympiasieger in Gold oder Silber, 13 Weltmeistertitel... 1970 waren es vier nationale Titel, jetzt sind es weit über 100. Wir sitzen lange im „Schwanen" und gegen 0.30 Uhr sagte Emil Beck: „Ich muß noch geschwind..."

Falco Fröner

Anja Fichtel erreichte im Florett-Gesamtweltcup den zweiten Platz. Arnd Schmitt, Degen-Weltcup-Gesamtsieger, bei der WM ohne Medaille.

223

Reiten

Tief bei den Springreitern, Hoch bei den Vielseitigkeits-Reitern

Springen
1987 erreichte die Disziplin „Springen" als populärste Sparte des deutschen Turniersports einen Tiefpunkt, den Insider der Branche freilich schon lange prophezeit hatten. Dabei verwiesen sie unter anderem auch auf die Tatsache, daß die bei den Olympischen Spielen 1984 und der Europameisterschaft 1985 gewonnenen Medaillen eigentlich gar nicht aus eigener Kraft erkämpft wurden, sondern den einheimischen Rotröcken nur umgehängt werden konnten, weil einige ihrer Gegner noch mehr Fehler machten als sie. Bei der Weltmeisterschaft Mitte Juli 1986 traf allerdings auch dieses Faktum nicht mehr zu. In Aachen kam die deutsche Equipe nur auf den 5. Platz. Sieger wurden die USA vor Großbritannien, Frankreich und Kanada – wobei zwischen dem amerikanischen Team und dem Quartett des Gastgeberlandes eine Lücke von fast 30 Punkten klaffte!

Ein erfolgreiches Paar: Paul Schockemöhle und der 16jährige Deister, der sich bei der Europameisterschaft verletzte.

Gail Greenough auf Mr. T, Weltmeisterin 1986/87

In der Einzelwertung erreichte der bis dato international kaum hervorgetretene Klaus Reinacher als bester Deutscher den 10. Rang. Weltmeister wurde mit der 26jährigen Kanadierin Gail Greenough zum ersten Mal eine Amazone. Es war ein Sieg der zarten Hand, nachdem sie mit dem Hannoveraner Mr. T im Finale der vier punktbesten Reiter sowohl mit dem eigenen als auch den Pferden der Konkurrenten fehlerfrei geblieben war. Zweiter wurde Conrad Homfeld/USA, Dritter Nick Skelton/Großbritannien und Vierter Pierre Durand/Frankreich. Den Titel errang Gail Greenough übrigens trotz eines großen Handicaps. Seit ihrer Kindheit leidet sie nämlich unter Asthmaanfällen, weil sie gegen Pferde allergisch ist …

Einen Monat später wurde in Cedar Valley bei Toronto die Dänin Anne Gret Jensen Weltmeister der Dressurreiter – womit sich das Jahr 1986 im Turniersport endgültig zum Jahr der Frau rundete. Denn bereits im Mai hatte die Britin Virginia Leng im australischen Gawler die Weltmeisterschaft der Vielseitigkeitsreiter gewonnen. Auch zuvor schlugen Amazonen schon mal Breschen in die in diesem Bereich lange Zeit festgefügten Bollwerke männlicher Vorherrschaft. 1986 aber wurden deren Bastionen regelrecht geschleift.

Eine Amazone war es auch, die Anfang April 1987 in Paris im 9. Worldcup-Finale der Springreiter siegte. In ihm verwies die Amerikanerin Katherine Burdsall mit dem in Niedersachsen gezogenen The Natural – der als erstes Springpferd für eine Million Dollar den Besitzer wechselte – Philippe Rozier/Frankreich und Lisa Jaquin/USA auf die Plätze zwei und drei. Paul Schockemöhle wurde Vierter.

Die Weltelite traf sich erst wieder Ende Juni beim 50. CHIO in Aachen, das stets die beste Elle für das Leistungsvermögen von Reitern und Pferden liefert. Aufgrund anhaltender Regengüsse litt das Jubiläumsturnier unter katastrophalen äußeren Bedingungen. Die Soers wurde zum „Hydrodrom" – in dem die deutschen Reiter zum ersten Mal keine der Hauptprüfungen gewannen. Dieser blamablen Vorstellung folgte acht Wochen später das Desaster bei der Europameisterschaft in St. Gallen. Erstmals seit der Einführung der Mannschaftswertung im Jahr 1975 gewann die deutsche Equipe keine Medaille. In der Zusammensetzung Paul Schockemöhle/Deister, Gerd Wiltfang/Cedra, Franke Sloothaak/Alwins Ass und Ludger Beerbaum/Wiener Domspatz erreichte sie mit Müh' und Not den 5. Rang. Den Reitern konnte das allerdings nicht angelastet werden. Wohl aber dem Beritt, der

mit Ausnahme von Deister der in der Welt führenden deutschen Zucht ein erbärmliches Zeugnis ausstellte.
Mannschafts-Europameister wurde in souveräner Manier Titelverteidiger Großbritannien vor Frankreich, der Schweiz und den Niederlanden. Das Einzelchampionat gewann der 32jährige Franzose Pierre Durand auf Jappeloup de Luze, der mit nur 1,56 Meter Größe das kleinste aller Pferde war. Den zweiten und dritten Platz belegten die Briten John Whitaker und Nick Skelton. Bester Deutscher war als Achter wieder einmal Paul Schockemöhle. Zur letzten Prüfung wollte der dreimalige Europameister wegen der schlechten Bodenverhältnisse eigentlich nicht mehr antreten. Schließlich ritt er doch, hatte aber das Pech, daß sich der 16 Jahre alte Deister dabei eine schwere Sehnenverletzung am rechten Vorderbein zuzog. Achtundvierzig Stunden später gab Paul Schockemöhle das Ende seiner Laufbahn als Springreiter bekannt. Er ritt etwa fünfzehn Jahre auf eigene Rechnung und für Deutschland. Allein mit Deister verdiente er dabei rund 1,4 Millionen Mark, die den Hannoveraner zum erfolgreichsten Parcourscrack der Welt machen. Ohne ihn und Paul Schockemöhle aber gehen die deutschen Springreiter international schweren Zeiten entgegen. Die Lage ist jedenfalls ernst.

Dressur

Nachdem die deutschen Dressurreiter 1986 bei der Weltmeisterschaft in Cedar Valley/Kanada noch mit komfortablem Vorsprung gewonnen hatten, fiel ihr Sieg 1987 bei der Europameisterschaft in Goodwood/England äußerst knapp aus. Nur lappige drei Punkte trennten sie von der Schweiz. Der Vorsprung zu den drittplazierten Niederländern betrug satte 308 Punkte.
In der Einzelwertung holte sich Ann-Kathrin Linsenhoff mit Courage die Silbermedaille vor der bei Championaten hochdekorierten Schweizerin Christine Stückelberger. Europameisterin aber wurde die 42 Jahre alte, für Frankreich reitende Margit Otto-Crepin auf dem kraftvollen, jedoch trotzdem eleganten Holsteiner Corlandus. Nachdem Ahlerich für die Europameisterschaft zurückgezogen worden war, fehlte mit Dr. Reiner Klimke in Goodwood der beste Dressurreiter der Welt. Ob für den mittlerweile in Pension gegangenen Wallach, mit dem der Rechtsanwalt aus Münster Olympiasieger sowie Welt- und Europameister wurde, bereits gleichwertiger Ersatz im Stall steht, ist zur Zeit noch nicht geklärt. Mit Entertainer hat Dr. Klimke aber ein hochtalentiertes Pferd zur Verfügung, dessen Entwicklung die Experten mit großem Interesse beobachten.

Dr. Rainer Klimke und Ahlerich – viele Jahre Erfolgsgaranten für den deutschen Dressursport

Vielseitigkeit

Den Vielseitigkeitsreitern gelang in der vorolympischen Saison ohne Zweifel die größte Überraschung. Ihre Erfolge bei der Europameisterschaft im niedersächsischen Heidedorf Luhmühlen hatte man nämlich nicht erwartet. Um so erstaunlicher ist es, in welch kurzer Zeit es Bundestrainer Martin Plewa und seinem Assistenten Horst Karsten dank intensiver und methodischer Arbeit gelungen ist, diese mit mancherlei Risiken befrachtete Disziplin aus dem Tief von 1986 herauszuführen. Noch nie gab es so viele gute „Buschreiter" mit einer so großen Anzahl von zum Teil erstklassigen Pferden. Für die Olympischen Spiele in Seoul ist man daher gut gerüstet – das signalisieren jedenfalls die Leistungen von Luhmühlen. Was war dort passiert? Durch hervorragende Ritte von Claus Erhorn/Justyn Thyme, Ralf Ehrenbrink/Uncle Todd und Wolfgang Mengers/ Half Moon Bay gewann die deutsche Mannschaft in einem sehr schweren Wettbewerb die Silbermedaille mit großem Abstand vor Frankreich. Mehr noch: Keiner der elf einheimischen Europameisterschafts-Teilnehmer schied im Geländeritt aus – und vier von ihnen plazierten sich zum Schluß unter den ersten Zehn. Die Briten waren in ihrer ureigenen Disziplin nicht zu bezwingen, rangierten jedoch mit nicht allzu großem Abstand vor der Bundesrepublik Deutschland. Die Einzelwertung gewann erwartungsgemäß die englische Welt- und Europameisterin Virginia Leng auf Night Cap. Zweiter wurde ihr Landsmann Ian Stark und Dritter Claus Erhorn aus Luhmühlen, der seit Jahren beste deutsche Vielseitigkeitsreiter.

Links: Virginia Leng, Welt- und Europameisterin

Kein zügelloser Sport: das Vielseitigkeitsreiten. Justyn Thyme verhalf seinem Reiter Klaus Erhorn zu einem hervorragenden Geländeritt. Die beiden wurden Dritte der Einzelwertung.

Galopprennsport
Der Galopprennsport der Bundesrepublik Deutschland wird bereits seit vielen Jahren von Umständen gebeutelt, die seine Konkurrenzfähigkeit gegenüber anderen westeuropäischen Ländern unmöglich machen. Daran hat sich auch 1987 nichts geändert. Ein Bestand von nur 2000 Zuchtstuten, schlechtere klimatische Bedingungen, ungenügende Trainingsareale und die steuerliche Benachteiligung der Züchter verhindern, daß die Masse der hierzulande gezogenen Vollblüter ihren Artgenossen in Frankreich oder England ebenbürtig ist. Von den USA, die in diesem Sport weltweit den Ton angeben, ganz zu schweigen. Daher ist es bisher nur wenigen deutschen Pferden gelungen, große Rennen im Ausland zu gewinnen. Star Appeal etwa – der den Konkurrenten 1975 im Prix de l'Arc de Triomphe davonlief, oder Acatenango, der 1986 im Grand Prix de St. Cloud als erster den Zielposten passierte. Er war auch 1987 Deutschlands bestes Galopprennpferd. Im gleichen Jahr erhöhte er seine Gewinnsumme nach dem zweiten Sieg im Großen Preis von Baden auf stattliche 1 774 541 Mark – die den Hengst aus dem Gestüt Fährhof zum gewinnreichsten deutschen Vollblüter aller Zeiten machten. Festgehalten werden soll auch noch, daß Lebos das 118. Deutsche Derby gewann und der Verlust von so hervorragenden Pferden wie Philippo, Lirung und Love Letter zu beklagen ist.

Arnim Basche

Großer Preis von Baden: Acatenango, geritten von Georg Bocskai (M) bezwang in einem spannenden Finish die gesamte Konkurrenz.

Moderner Fünfkampf

Die deutschen Damen – Glücksfall für diese Sportart

Im Gegensatz zu den Herren, die bei ihrer Weltmeisterschaft in Moulins/FRA keinen Starter unter die ersten zehn brachten, trumpften die deutschen Damen groß auf: Bronze für Sabine Krapf in der Einzelwertung und Silber für die Mannschaft, lautete die stolze Bilanz der Titelkämpfe von Bensheim. Für die 23jährige Sabine Krapf aus Heidenheim bedeutete dies schon die fünfte Silbermedaille und die vierte Bronzemedaille. Seit elf Jahren betreibt sie nun schon diese außergewöhnlich interessante Sportart, und sie selbst sagt, daß sie mit nur einer Sportart nicht glücklich werden könnte: „Der Moderne Fünfkampf ist für mich die ideale Sportart", gab sie den zahlreich angereisten Berichterstattern zu verstehen. Überhaupt profitiere dieser Sport davon, daß man diese Europameisterschaft nicht an eine Großstadt vergeben habe. „Organisation und Publikum im hessischen Bensheim waren einfach erstklassig", schwärmten die

Die Sowjetrussin Irina Kisselewa war die erfolgreichste Athletin bei der Europameisterschaft der Modernen Fünfkämpfer.

Sabine Krapf (oben) holte sich im Einzel die Bronzemedaille und in der Mannschaft – kleines Bild: T. Meyer, S. Krapf und K. Kröning (v. l.) – die Silbermedaille.

Michael Zimmermann schnitt bei der Europameisterschaft der Herren noch am besten ab.

deutschen Athletinnen, die bei ihren Veranstaltungen selten so im Rampenlicht der Öffentlichkeit standen.

Turnen

Zwei große Überraschungen – wenn auch „nur“ in Bronze

Zwei Überraschungsmedaillen durch Anja Wilhelm und Andreas Aguilar (rechts an den Geräten)

In alten deutschen Turnzeitungen finden sich Passagen, in denen die Autoren vom Doppelsalto rückwärts vom Reck als einem nicht mehr zu überbietenden Schwierigkeitsgrad sprechen. 60 Jahre später wird der Doppelsalto bereits von Schülerturnern beherrscht, und die Spitzenturner überraschen Fachleute und Laien bei fast jeder größeren internationalen Kunstturnveranstaltung mit spektakulären neuen Elementen. Dem Einfallsreichtum der Turnerinnen und Turner und ihrer Trainer scheinen keine Grenzen gesetzt.
So war es auch wieder im Mai 1987 bei den Europameisterschaften in Moskau. Hier zeigte z. B. Mike Belle aus der DDR als erster Turner der Welt (im Wettkampf) am Reck einen dreifachen Salto mit integrierter ganzer Drehung, und am Barren gelang ihm ein Doppelsalto aus der Riesenfelge zum Oberarmhang.
Der junge Sowjetrusse Valeri Ljukin aus Alma Ata überraschte die staunende Turnwelt mit einem dreifachen Salto am Boden. Fast aus dem Nichts ging ein Stern auf. Valeri Ljukin wurde neuer Europameister im Kürsechskampf und sicherte sich außerdem die Einzeltitel im Bodenturnen, am Barren und am Reck. Die Einzeltitel gewann er aber nur, weil andere Turner grobe Fehler machten oder sogar das Gerät verlassen mußten.
Vor einigen Jahren noch war das Seitpferd die Achillesferse vieler Tur-

ner, mittlerweile hat das Reck es aber abgelöst, zumindest was Fehler und Stürze betrifft.
Überhaupt stellt sich die Frage, ob die Entwicklung im Kunstturnen so stürmisch weitergehen muß oder ob die Verantwortlichen des Internationalen Turnerbundes sie nicht durch Verbote bremsen sollten. Die Wertungsvorschriften für Männer besagen, daß der sogenannte Cowboysalto (das weite Grätschen der Beine bei Saltobewegungen) mit einem Punktabzug von 0,1–0,2 bestraft werden soll. So spektakulär der Dreifachsalto am Boden von Valeri Ljukin auch sein mag, und obwohl er auch mir allen Respekt abgenötigt hat, so müssen sich Turnerinnen und Turner sowie der Internationale Turnerbund doch fragen lassen, ob die Wertungsvorschriften richtig sind, ob nicht die Schwierigkeit und die Akrobatik überbewertet werden und die Kunst beim Turnen, die Ausführung und Technik zu kurz kommen.
Besonders beim Frauenturnen ist die Kritik am Wertewandel des weiblichen Kunstturnens und an der Veränderung des Kunstturnerinnentypus laut geworden. Kritiker und Freunde dieses Sports beklagen, daß viele Weltmeisterinnen und Olympiasiegerinnen Kinder sind, denen häufig jede frauliche Ausstrahlung fehlt. Die Zeiten von Schönheiten wie Polina Astachowa und Larissa Latinina scheinen endgültig vorüber zu sein.
Die neue Europameisterin von 1987, Daniela Silivaş aus Rumänien, war schon 1984 in Los Angeles Olympiasiegerin am Schwebebalken. Sie stand aber immer noch im Schatten ihrer großen Vorgängerinnen und Mannschaftskameradinnen Nadia Comăneci und Ekatarina Szabo. Was Nadia Comăneci 1980 bei den Olympischen Spielen in Moskau nicht gelang, brachte Daniela Silivaş fertig: Sie überturnte die sowjetische Konkurrenz und holte sich den Titel im Kürvierkampf sowie alle Titel an den Einzelgeräten, mit Ausnahme des Pferdsprungs, wo sie „nur" Vizeeuropameisterin wurde. Erfreulich bei der jetzt 16jährigen Daniela ist

Unten links: Ein neuer Superstar aus der Sowjetunion, der 4fache Weltmeister Ljukin
Unten rechts: Die vielfache Weltmeisterin Daniela Siliva, aus Rumänien

Sepp Zellweger bei „der Spinne“ an den Ringen

die Tatsache, daß aus ihrem Kinderturnen mit sehr hohen Schwierigkeitsgraden Frauenturnen auf hohem Niveau zu werden scheint. Daniela Silivaş ist jedenfalls nicht mehr das staksige, unbeholfene Wesen, das antrainierte Höchstschwierigkeiten abspult, sondern sie ist mittlerweile eine Persönlichkeit geworden, die ohne Zweifel eine große Bereicherung für das Kunstturnen der Frauen darstellt.

Die Kunstturnerinnen aus dem Gastgeberland Sowjetunion enttäuschten diesmal auf der ganzen Linie. Obwohl, wie es in der Sowjetunion heißt, die Wände mithelfen sollen, schien es, als wären die Wände Hindernisse für die sowjetischen Turnerinnen gewesen. Keine der jungen Damen erbrachte auch nur annähernd die Leistungen, die sie unter normalen Umständen im Training oder auch in Wettkämpfen zeigen. Allenfalls Alevtina Prjachina, eine Schülerin des Meistermachers Michael Klimenko, gelang es, in die Phalanx der rumänischen Turnerinnen einzudringen und die Silbermedaille zu gewinnen. Die Europameisterin der vergangenen Titelkämpfe und der Star der Weltmeisterschaften von 1985 in Montreal, Elena Schuschunowa, enttäuschte. Man hatte mehr von ihr erwartet und ihr auch mehr zugetraut. Ihre Goldmedaille im Pferdsprung war sicherlich nicht nur für sie ein Trostpflaster. Eine Medaille für die bundesdeutschen Kunstturnerinnen gab es zum letztenmal 1973 für Uta Schorn im Pferdsprung (Bronze) bei den Europameisterschaften in London. Elena Schuschunowa leistete bei der ersten Medaille für die bundesdeutschen Kunstturnerinnen nach 14 Jahren unfreiwillige Schützenhilfe: Sie mußte sich während ihrer Balkenübung am Gerät festhalten, was ihr einen Punkteabzug von 0,5 einbrachte. Damit öffnete sie Anja Wilhelm aus Wolfsburg die Tür zum 3. Platz. Der Finalkampf am Schwebebalken wurde aus bundesdeutscher Sicht ohnehin zum Kriminalstück. Als Anja Wilhelm ans Gerät ging, hatte sie zumindest die Chance, weit vorn zu landen, denn Turnerinnen, die von der Ausgangsnote her vor ihr lagen, machten erhebliche Fehler. Anja konnte also damit rechnen, einen der vorderen Plätze zu belegen. Aber Überlegungen dieser Art sind schon zu oft schief gelaufen, besonders dann, wenn sie

den Schwebebalken (von den Turnerinnen Zitterbalken genannt) betreffen. Man konnte schon feuchte Hände bekommen, als Anja Wilhelm eine Höchstschwierigkeit an die andere reihte. Es war, als fiele einem jedesmal ein Stein vom Herzen, wenn Anja nach jedem Sprung, nach jeder Drehung noch auf dem Balken stand. Aber die Schülerin aus Wolfsburg turnte, von der eigenen Leistungsfähigkeit überzeugt, unbekümmert auf und brachte ihre Übung fehlerlos zu Ende.
Durch ihren Erfolg hat die 20jährige dem bundesdeutschen Frauenturnen einen großen Dienst erwiesen. Sie hat gezeigt, daß man nicht Kind sein muß, um erfolgreich zu sein, sie hat gezeigt, daß die Freude am Leistungssport erhalten werden kann, wenn das Umfeld stimmt. Anja trainiert weitgehend zu Hause mit ihren Eltern und hat nach wie vor Freude an ihrem Sport.
Schon bei den Europameisterschaften 1985 in Oslo und den Weltmeisterschaften 1985 in Montreal hatte Andreas Aguilar die Hand nach Edelmetall ausgestreckt. In Moskau hat es dann endlich zur Bronzemedaille an den Ringen gereicht. Mit guten Ergebnissen im Kürsechskampf schaffte sich Andreas Aguilar eine hervorragende Ausgangsposition für das Ringefinale. Mit der dritthöchsten Vornote ging er ans Gerät und brachte seine sehr schwierige Übung sauber zu Ende. Die Kampfrichter honorierten seine Leistung mit 9,8 Punkten. Der stets bescheidene und freundliche junge Mann aus Hannover hat es damit geschafft, sich den Kampfrichtern ins Gedächtnis einzuprägen. Andreas Aguilar hat aber noch eines erreicht: Er hat mit seinem 8. Platz im Mehrkampf dokumentiert, daß er nach seiner schweren Fußverletzung auch als Mehrkämpfer wieder ernstzunehmen ist.

Deutsche Meisterschaft

Schon eine Woche später, bei den Deutschen Meisterschaften, die im Rahmen des Deutschen Turnfestes in Berlin ausgetragen wurden, gab Andreas der gesamten Konkurrenz das Nachsehen. Selten war der Kampf um eine Deutsche Meisterschaft so spannend. Besonders in der Endphase wechselte die Führung nach jedem Gerät, bis schließlich Andreas Aguilar mit einer 9,95 an seinem Paradegerät, den Ringen, dem Wettkampf die Krone aufsetzte und erstmalig auch den Titel des Deutschen Zwölfkampfmeisters vor seinen Mannschaftskameraden Andreas Japtok. „Wenn's läuft", so heißt es beim Kunstturnen, „dann läuft's". Anja Wilhelm lieferte sich einen spannenden Zweikampf mit der Vorjahresmeisterin Isabella von Lospichl aus Weilheim in Bayern. Nach der Pflicht lag die Vorjahresmeisterin noch $\frac{1}{10}$ vor Anja Wilhelm, jedoch war Isabella von Lospichl durch eine Knieverletzung so gehandicapt, daß ihr einige Fehler unterliefen und somit der Weg frei war für eine immer sicherer werdende und souverän auftrumpfende Anja Wilhelm.
Die Weltmeisterschaften im Oktober 1987 stehen vor der Tür. Die Titelkämpfe in Rotterdam sind gleichzeitig auch die Qualifikation für die Olympischen Spiele 1988 in Seoul. Die deutschen Kunstturnerinnen werden es sicher sehr schwer haben, einen Platz unter den besten 8 Mannschaften belegen zu können. Platz 8 und damit Finalchancen sind schließlich das entscheidende Kriterium, das vom Nationalen Olympischen Komitee und vom Bundesausschuß für Leistungssport als Nachweis von den Athleten erwartet wird. Aber auch die Kunstturner müssen sich anstrengen – trotz ihres 6. Platzes bei den vergangenen Weltmeisterschaften 1985 in Montreal –, um ein ähnlich gutes Ergebnis wiederholen zu können.

Eberhard Gienger

Auf dem Sprung zur Weltspitze Bernd Simmelbauer und Isabella v. Lospichl

BH

Radsport

Stephen Roche:

Ein Ire fährt allen davon

Grand Slam, Teil drei
In einem Jahr Giro, Tour und Weltmeisterschaft gewonnen …
„Das Gasthaus Biber gratuliert dem Weltmeister Stephen Roche".
Der Mann des Jahres im Radsport zeigte sich gerührt ob dieser Geste, mit der ihn seine Wirtsleute im kleinen Kärntener Dorf nahe Villach und dem Faaker See an der Eingangstür zurückerwarteten.
Neun Stunden zuvor, am Morgen dieses arg verregneten 6. September, war Stephen Roche eigentlich mit ganz anderer Absicht zum Weltmeisterschaftsrennen aufgebrochen …
Er, der mit dem Sieg in Giro d'Italia und Tour de France sein Traumziel 1987 bereits erreicht hatte, wollte sein Können ganz in den Dienst eines Landsmannes stellen: Sean Kelly, dem bei Titelkämpfen bislang Glücklosen, wollte Roche beistehen, endlich einmal das Regenbogen-Trikot zu erobern.

Tour de France '87: Beim Start geht es noch gemütlich zu. In Phasen der Entscheidung wird dann jedoch oft bis zur totalen Erschöpfung gekämpft.

Stephen Roche – Sieger bei Giro, Tour und Weltmeisterschaft in einem Jahr

Didi Thurau ließ in der zurückliegenden Saison nur selten sein ehemals großes Talent aufblitzen.

Doch vier km vor dem Ziel der 276-Kilometer-Marathon-Distanz waren die Kräfte Kellys, der in der Tour de France mit einem Schlüsselbeinbruch hatte aufgeben müssen, verbraucht... Roche spürte das und spielte in der zwölfköpfigen Spitzengruppe, in der sich auch der Deutsche Rolf Gölz und Italiens Titelverteidiger Moreno Argentin sowie drei Niederländer befanden, nun seine eigene „Karte". Und die entpuppte sich als As! Zunächst „reduzierte" der Mann aus Dublin das Dutzend Ausreißer auf fünf. Danach konterte er den Vorstoß des Dänen Sörensen; um schließlich – 500 Meter vor dem Ziel – selbst „zuzuschlagen". Mit unwahrscheinlichem Punch und ebenso großer Zähigkeit hielt der 28jährige seinen langen End-

spurt durch: die Winzigkeit einer Sekunde vor den Konkurrenten – sie versetzt Stephen Roche ins „Land der Träume"; denn er ist – als erster Ire – Radweltmeister! „Roche auf einer Stufe mit Merckx!" eskalieren Zeitungen und Reporter nach diesem Triumph. „Super-Stephen" freilich schwächt diese Superlative ab: „Mich mit Merckx zu vergleichen, ist übertrieben. Eddy war einmalig."
Roche, der Bescheidene; der Realist. Es ehrt ihn.

Grand Slam, Teil eins
Sein „Grand Slam mit dem Rad" begann im Juni: Italienrundfahrt! Roche mit einem Monatsgehalt von 50 000 Mark – so sagen Kenner – fürstlich bezahlter Angestellter eines italienischen Rennstalls, verstößt auf dem Weg zum Giro-Sieg gegen die sogenannte Stalldisziplin. Er entreißt seinem Mannschaftsgefährten Roberto Visentini in den Dolomiten das rosafarbene Trikot des Spitzenreiters. Vorjahressieger Visentini, ein nur durchschnittlicher Kletterer, hatte von Roche verlangt, daß dieser „mit angezogener Handbremse" in den Bergen hinter ihm bliebe. Der Ire tat das Gegenteil und stürzte Radsport-Italien damit in eine Krise, die – Zitat – „bürgerkriegsähnliche Formen" annahm. Die Radtifosi schrien „Verrat", beschimpften Roche, bespuckten, ja prügelten ihn sogar.
Visentini dagegen verlangte von Mannschaftsleitung und Sponsor, daß der treulose Ire nach Hause geschickt würde. Letztendlich schien in den Streit ein „höherer Schiedsrichter" eingegriffen zu haben: Visentini stürzte, brach ein Handgelenk und schied aus.

Mike Kluge – hier mit Chr. Redomski bei der Querfeldein-Weltmeisterschaft der Amateure in Führung, zermürbte die heimstarken Tschechen.

Grand Slam, Teil zwei
Roche war der am meisten genannte Favorit, Nachfolger von Hinault und Lemond zu werden. Doch Kandidaten für das Gelbe Trikot hatte es

beim glanzvollen Start in Berlin fast ein Dutzend gegeben, darunter Herrera (Kolumbien), Hampsten (USA), Criquielion (Belgien), Anderson (Australien), Kelly (Irland), Fignon (Frankreich)...
Als es nach 18 Etappen und 3000 Kilometern in die Alpenwoche ging, hatten nur noch vier Chancen zu gewinnen: der Franzose Bernard, der das Gelbe Trikot am Mont Ventoux erobert hatte, Roche (Zweiter), Mottet (Frankreich, Dritter) und Delgado (Spanien, Vierter).
Nach zwei weiteren Tagen hieß das Tour-Finale nur noch Roche contra Delgado. Es wurde ein erregendes Duell um Sekunden! Das Gelbe Trikot in Villard de Lans zunächst für Roche.
Einen Tag später, in l'Alpe d'Huez, erobert es Delgado zurück. Am dritten Tag in den Alpen verausgabt sich Roche total: Ohnmacht nach dem Ziel in La Plagne. Dazu zehn Strafsekunden wegen verbotener Verpflegungsannahme – die Tour für ihn verloren?
24 Stunden später – im letzten Alpenabschnitt – holt sich der „irre Ire" in wahnsinnig schneller Abfahrt nach Morzine 18 Sekunden zurück. Mit nur 21 Sekunden Vorsprung geht Delgado in das alles entscheidende Einzelzeitfahren von Dijon. Nach diesen 38 Kilometern gegen den unsichtbaren Konkurrenten und gegen die Uhr hat Roche gewonnen: 40 Sekunden Vorsprung, die er bis zum Zielstrich auf den Champs Elysees verteidigt.
Der erste Ire also, der die Tour de France gewinnt! Charles Haughey, Ministerpräsident des kleinen Fünf-Millionen-Einwohner-Inselstaates, umarmt Roche noch in Paris. Eine Sondermaschine der staatlichen Fluglinie bringt ihn andernmorgens – nach einem kurzen Straßentraining! – in „seine" Hauptstadt Dublin, wo noch kein Ire so gefeiert worden ist wie er.
In Dublin wurde Roche am 28. November 1959 geboren; hier ist er mit sechs Geschwistern aufgewachsen, hat er dem Vater beim Milchausfahren geholfen.

Erschöpft und glücklich zugleich: Hartmut Bölts, Weltmeisterschaftszweiter der Radamateure.

Von Dublin aus startete Roche auch seine internationale Radsportkarriere. Der Roche '87 war der beste, den es je gegeben hat! Und der Junge aus Dublin, der in Frankreich vor sieben Jahren mit ganzen 7000 französischen Franc „an den Start" ging; der mit einer Französin verheiratet ist, zwei kleine Kinder (Tochter und Sohn) hat, ist heuer zum Millionär geworden: eineinhalb Millionen Mark Jahresgage erhält Stephen Roche 1988 von seinem neuen Rennstall. Und rund 15 000 Mark muß ein Veranstalter berappen, wenn er den „Grand-Slam"-Sieger bei einem Rennen am Start haben will.

Der „Junge" und der „Alte"

Das Radsportjahr 1987 war auch ein „deutsches Jahr"! Mike Kluge und Klaus-Peter Thaler wiederholen in der Tschechoslowakei ihren Münchner Triumph von 1985: sie werden in Mlada Boldeslav erneut Weltmeister im Querfeldeinfahren. Kluge, der unkomplizierte, moderne – für manche zu extravagante – junge Zahntechniker aus Berlin, setzte bei den Amateuren vor allem die ziemlich siegessicheren tschechoslowakischen Lokalmatadoren „schachmatt".
„Senior" Thaler, der Profi, gab ein Beispiel, daß man sich mit seriöser Berufsauffassung auch als fast 38jähriger noch in der Weltelite der Spezialisten behaupten kann.
Erfreulich wie schon lange nicht mehr die Ausbeute auch bei den Straßenfahrern! Rolf Gölz (Bad Schussenried) war Etappensieger in der Tour de France und Gewinner des Weltpokalrennens „Meisterschaft von Zürich" – beide Rennen beeindruckende Unwetter-Soli des Oberschwaben, der mit noch anderen Erfolgen in Frankreich und Spanien und dem vierten WM-Platz von Villach zu einem internationalen Topman für Eintagesrennen geworden ist. Vielversprechend ebenfalls das Startjahr des Profineu-

lings Andreas Kappes. Der Bremer, der im Schwarzwaldort Kirchzarten sein Domizil aufgeschlagen hat, überraschte im Giro (26. Platz) und noch mehr in der Tour de Suisse (Achter!); zwei Etappensiege in den Coors Classics in Amerika und der 16. Rang bei der Weltmeisterschaft signalisieren dem Kenner: Andreas Kappes kann „einer" werden ... Abgerundet wird die gute Profibilanz durch den hervorragenden zweiten Platz des Trierers Raimund Dietzen in der Spanienrundfahrt und durch Dietrich Thuraus spätes Comeback: Siebter in der Tour de Suisse (mit Etappensieg im Zeitfahren!) und dann lange mit vorn in der Tour de France; nach dem verletzungsbedingten Ausscheiden dann leider auch lange Gesichter bei seinen Fans: „Thurau positiv" hieß es im Tour-Bulletin ...

Die Amateure

Was ein zielstrebiger junger Trainer mit einem Team guter Mitarbeiter alles erreichen kann, bewies Amateur-Bundestrainer Peter Weibel. Der Mannheimer, seit zweieinhalb Jahren im Amt, führte den bundesdeutschen 100-Kilometer-Straßenvierer zu einem großartigen fünften WM-Platz – nur 26 Sekunden hinter der Bronzemedaille.
Noch besser schlug sich Weibels „Solist" Hartmut Bölts im Einzelrennen: Silbermedaille für den Studenten der Raum- und Umweltplanung aus der Nähe von Kaiserslautern! Es war die bisher beste Weltmeisterschaftsplacierung eines Amateur-Straßenfahrers der Bundesrepublik, der Lohn für 25 000 Trainingskilometer eines 26jährigen Radathleten, der – so Bundestrainer Weibel – „ein Stier ist und der keine Schmerzgrenze kennt". Apropos Schmerz! Den bereiten seit drei Jahren die Amateurbahnfahrer. Da ist kein Kilometer-Mann wie Fredy Schmidtke in Sicht, auch kein Verfolgungsfahrer, der wie Gölz die Hand nach Medaillen ausstrecken kann, und selbst das einstige Flaggschiff des Bundes Deutscher Radfahrer, der Vierer, zeigt – gemessen an früheren Erfolgen – erhebliche Schlagseite. Eine einzige WM-Medaille in den fünf olympischen Bahndisziplinen (Silber im Punktefahren durch den beständigen Weltklassemann Uwe Messerschmidt) – das ist „nicht zufriedenstellend" bei all der optimalen Förderung!

Klaus Angermann

Nicht sehr erfolgreich waren die Bahn-Radfahrer (hier W. Nagel) bei der Bahn-Radweltmeisterschaft.

Segeln

America's Cup 1987: Revanche und Triumph für Dennis Conner

Das größte Segelspektakel dieses Jahrhunderts fand im Februar 1987 an der australischen Westküste statt. Der Amerikaner Dennis Conner hatte im September 1983 in einem dramatischen Finale den America's Cup an die Australier verloren, als erster Amerikaner in der Geschichte dieser ältesten Sporttrophäe überhaupt. Seit 1851, als der amerikanische Schoner „America" eine Flotte von 23 britischen Yachten geschlagen hatte, war dies nicht passiert.
Mit einem beispiellosen Aufwand rüstete Dennis Conner auf, entwickelte zusammen mit Raumfahrttechnikern neue, schnellere Schiffe. Jahrelang trainierte er vor Hawaii, bevor er zusammen mit seiner rund 100köpfigen Truppe nach Fremantle übersiedelte. Nach drei harten Ausscheidungsmonaten war er schließlich gegen eine Flotte von 11 Yachten in das Finale vorgedrungen. Mit seinr rund 20 Meter langen Yacht „Stars & Stripes" hatte er gegen den australischen Verteidiger „Kookaburra III" anzutreten, gesteuert von Iain Murray. Conner und seine Crew gewannen mit 4 : 0 den America's Cup zurück.

Die Kieler Woche und die Kiel Worlds

Die Kieler Woche – die größte Segelsportveranstaltung der Welt – findet in jedem Jahr Ende Juni statt. Es sind immer weit über 1000 Segler aus mehr als 30 Nationen, die sich vornehmlich aus den Jollenklassen rekrutieren, und für die die Kieler Woche ein Ereignis von größerer Bedeutung ist als die olympischen Segelwettbewerbe.
In diesem Jahr aber war die Kieler Woche nur der Vorläufer für noch mehr. Der Kieler Yacht Club veranstaltete zum 100sten Male ‚seine' Segelwoche und organisierte zum Geburtstag deshalb gleich anschließend die Kiel Worlds – eine Serie mit fünf Welt- und zwei Europameisterschaften in den olympischen Klassen. Ein derart massives Auftreten der weltbesten Segler hat es selbst bei Olympischen Spielen noch nie gegeben, denn dort darf pro Land immer nur ein Boot starten.
Die Organisation einer derartigen Veranstaltung ist alles andere als einfach. Aber mittlerweile gibt es auch in Deutschland zunehmend Sponsoren, die den Segelsport als werbewirksames Medium erkannt haben. Ohne die Unterstützung der Industrie mit Barem und technischem Know-how wären die Kiel Worlds sicher nicht zustande gekommen. Aber auch die Medien packten mit an. Obwohl

Großes Bild:
Besser läßt sich die internationale Beteiligung an den Kiel Worlds kaum belegen.

Kleines Bild:
Auch das gab es – Segeln bei Wind mit vollem Einsatz.

es sicherlich nicht einfach ist, die in Deutschland immer noch recht unpopuläre Sportart Segeln dem Fernsehpublikum nahe zu bringen, engagierte sich SAT 1 mit einem enormen technischen Aufwand und sendete täglich live von den Regattabahnen. Einziges Manko vor Kiel ist immer das Wetter. Oft ist es fast unerträglich heiß, vorherrschend sind Flauten oder schwachwindige Tage. Dann wird die Organisation immer zu einem Problem, denn es muß eine Mindestanzahl von Wettfahrten zustande kommen, soll eine Serie auch als Weltmeisterschaft gewertet werden können. In diesem Jahr aber ging alles gut, auch wenn manche Klassen oft stundenlang weit ab von Land auf ihre Starts warten mußten. Viele hundert Boote kamen oft auch erst lange nach Einbruch der Dunkelheit zurück in den Olympiahafen von Kiel-Schilksee.
Die Segler aber waren sehr zufrieden, und es gab manch einen, für den die Kiel Worlds das größte überhaupt waren.

Erik von Krause

Surfen

Der bescheidene Superstar: seit 13 Jahren Weltmeister

Wenn jemand mit gerade 24 Jahren als Altmeister tituliert wird, muß er schon ziemlich lange dabei sein. Robby Naish beherrscht den Windsurfsport seit seinem ersten Weltmeistertitel vor elf Jahren. Damals trat das dreizehnjährige Fliegengewicht auf den Bahamas gegen die gestandenen Mannsbilder der frühen Surf-Jahre an und siegte überlegen. Seit 1976 hat der Hawaiianer alles gewonnen, was es zu gewinnen gab. Seine überragende Stellung unter den Top-Surfern dokumentierten eindrucksvoll seine Abonnementssiege in der Gesamtwertung des Profi-Worldcups. Seit der Einführung dieses anspruchsvollen Wettbewerbs vor fünf Jahren dominiert Robby Naish die Konkurrenz.

Die Weltklasse trifft sich zu sechs Rennen, wobei drei Einzelwertungen in diesem Surf-Zirkus ausgefahren werden; und in jedem stehen die Konkurrenten des Dauersiegers in den Schlaufen. Im Kursrennen, einer an traditionellen Dreieckssegelregatten orientierten Disziplin, liegt zur Zeit Hollands Olympiasieger von 1984, Stephan van den Berg, ganz vorn. Die Einzelsiege im Slalom, einem Sprintrennen rund um zwei Bojen in Ufernähe, teilen sich eine ganze Reihe von fast gleichstarken Surfern. Unter ihnen: Deutschlands Woldcup-Hoffnung Axel Ohm. Und auch im spektakulären Wellenreiten, einer Kür in der Brandung, die ähnlich wie das Eiskunstlaufen von Punktrichtern bewertet wird, ist dem Altmeister Robby Naish ernsthafte Konkurrenz erwachsen.

In der Brandung hat es der Champion mit dem 18jährigen Björn Dunkerbeck zu tun, aber auch der hoffnungsvolle Youngster kann Robby in der Gesamtwertung (noch) nicht gefährden. Wenn zu Saisonende addiert wird, liegt der Hawaiianer unangefochten in Front.

Obwohl er körperlich leistungsfähiger ist als jemals zuvor, fühlt sich der zurückhaltende Surf-Profi zum Rücktritt gedrängt. Aber er wird wohl auch im nächsten Jahr wieder antreten. Warum soll schließlich ein kraftstrotzender 24jähriger Ausnahmesportler aufs Altenteil gehen, nur um auch mal einen anderen aufs Treppchen zu lassen?

Jochen Taaks

Rudern

Der Krebs des Jahres verhilft dem Außenseiter zum Sieg

Da lagen sie also auch bei dieser Weltmeisterschaft wieder Seite an Seite. Zum größten Zweikampf dieser Rudersaison. Der Klassiker Kolbe – Karppinen. Weltmeister Peter-Michael Kolbe hatte alle Regatten dieser Saison besucht und souverän gewonnen. Von Pertti Karppinen war hingegen nichts zu sehen gewesen. Nur zu hören. „Trainiere nach langem finnischen Winter in Italien. Habe das Boot gewechselt. Jetzt ein deutsches." Kolbe kommentierte kurz: „Wenn der zur Weltmeisterschaft meldet, ist er auch in Form." Der Bagsvärdsee schlug immer noch Wellen, als die Skulls griffen. Kolbe taktierte wie immer: Vorsprung herausrudern, den schwereren, größeren, stärkeren Finnen so weit hinter sich lassen, daß dessen gewaltiger Endspurt schließlich bei Kolbes Flucht ins Ziel nicht mehr reichen würde.
So lief's in Kopenhagen. Kolbe hatte Karppinen schnell im Blick. Daß da auch nach 1000 Metern links von ihm auf der windgeschützteren Bahn 6 Lange aus der DDR ruderte, kümmerte ihn wenig. Den hatte er in Luzern und im WM-Halbfinale locker abgeschüttelt. Dann brachte jedoch der sensible Techniker, der Mann der Feinarbeit, Peter-Michael Kolbe, bei 1400 Metern plötzlich ein Skull nicht aus der Welle, fing – wie die Ruderer

Sieg über Karppinen, aber „nur" Silber für Kolbe (oben)
Erschöpfte, aber glückliche Damen: Vize-Weltmeister im Riemen-Vierer der Leichtgewichtsklasse (nicht olympisch)

sagen – einen Krebs. Sein Boot stand. Thomas Lange, hellwach, nutzte sofort seine Chance und war auf und davon. Er fuhr das Rennen seines Lebens. Weltmeister. Vor Kolbe. Dem war zwar der Sieg über Karpinen ganz knapp gelungen, aber eben nur hinter dem Skuller aus Leipzig. Wenn zwei sich streiten, freut sich der Lange.
Zu den Hoffnungsträgern des größten Ruderverbandes der Welt, des Deutschen Ruder-Verbandes, gehören zwei weitere Skuller: der Doppelzweier Andreas Schmelz/Ralf Thienel. Ihr WM-Silber hinter den Bulgaren Jordanow/Radew, die sie in Luzern klar geschlagen hatten, ist Motivation für Olympia.

Dann gibt's den Achter. Ein Ruhrachter. Nicht die Zwei-Meter-Männer aus Dortmund, gemeint ist der aus Castrop-Rauxel, Nachbarort des Leistungszentrums Dortmund. Der Frauenachter! Bei der Großen Duisburger Ende Mai hatten sie noch 21 Sekunden hinter der DDR gelegen. Im WM-Finale drei Monate später noch knappe 1,8 Sekunden. Medaillenplatz in Sicht! (Die DDR war Dritter geworden.) Und diese Frauen sind nicht so leicht aus dem Gleichgewicht zu bringen: Ausgerechnet im Finale war kurz nach dem Start eine Ruderin vom Rollsitz gerutscht. Blitzschnell, noch innerhalb des Protestspielraums, hob die Bugfrau den Arm, das Rennen wurde abgebrochen. Verwarnung, am Rollsitz war ein kleiner Fehler entdeckt worden. Neuer Start, neue Chance.
Etwas von der Lockerheit und Fröhlichkeit dieser Achterdamen an die Achterphysiker aus Dort-

mund! Den langen Kerls fehlt Psyche. Im Vorjahr bei der Weltmeisterschaft lieferten sie ein tolles Halbfinale. Im Endlauf dann ein enttäuschender sechster Platz. Immerhin endlich wieder dabei. In diesem Finale dann jedoch wieder entmutigendes Hinterherrudern. Nerven hatte auch der Schlagmann des Nachwuchsvierers mit Steuermann gezeigt. Übelkeit vor dem Start. Dieses Boot ist nicht abgeschrieben. Durchschnittsalter 20,5 Jahre. Um eine Erfahrung reicher. Der andere Vierer, der ehemalige Weltmeister aus Dortmund/Witten, mußte ein Zwischenjahr einlegen. Schlagmann Guido Grabow konnte Leistungssport, Meisterprüfung, Meisterstück und Hochzeit nicht verkraften, wurde krank.
Wenn einer, mit fünf Weltmeistertiteln, im Lauf seiner Karriere auch verlieren gelernt hat, dann Peter-Michael Kolbe. Und lächeln. Nach der Überraschung von Kopenhagen packte er nicht die Koffer, sondern blieb selbst als Einzelkämpfer bis zum Schluß bei der Mannschaft, blieb locker. Auch er arbeitet schon wieder. Für Olympia. Nebenbei bemerkt: Die Bahn in Seoul gilt als windunanfällig, und Krebse soll es dort keine geben.

Wolfram Esser

Zauber des Kanurennsports in Duisburg '87: Endlauf im Doppelvierer

Tischtennis

Das Licht am Ende des Tunnels wird zum Weg im Hellen

Als es für den DTTB erstmals wieder seit vielen Jahren um eine Medaille ging, forderten Georg Böhm, Ralf Wosik und Jörg Roßkopf in einem mehr als fünfstündigen Kampf die hochfavorisierten Schweden bis zur Erschöpfung – und verschafften sich, auch als 4 : 5-Verlierer, den lange entbehrten Respekt der Konkurrenz. Platz sieben unter 65 Nationen: Die Rückkehr der Deutschen in die Weltspitze ist geglückt.
Den sofortigen Wiederaufstieg in die Super-Division schaffte zwei Monate später auch die Europaliga-Auswahl des DTTB: Nach sechs Siegen in den Spielen zuvor triumphierten Katja Nolten sowie ihre männlichen Partner Böhm, Roßkopf und Fetzner in Würzburg im alles entscheidenden Vergleich auch über die Engländer. Jubel auch in der Bundesligaszene: „Erstmals stehen beide Trophäen, die bei den Herren ausgespielt werden, in deutschen Klubhäusern – der Europapokal beim TTC Zugbrücke Grenzau (im

Der Pole Andrzej Grubba (oben) und Vizeweltmeister Jan Ove Waldner – Stars der Bundesliga

Georg Böhm (oben) und Nicole Struse – deutsche Spitzenspieler

Finale 5 : 3 gegen Vorjahresgewinner ATSV Saarbrücken), der ETTU-Cup, ein Pendant zum UEFA-Pokal der Fußballer, bei Borussia Düsseldorf. Die Persönlichkeiten des Jahres? Natürlich Jiang Jialiang, 23, Welt- und Asienmeister aus China und das schwedische Genie Jan-Ove Waldner, zwei Jahre jünger als Jiang, ein Spielertyp in allen Lebenslagen. Was beide im Einzelfinale in Neu-Delhi zeigten: besser kann man nicht Tischtennis spielen. Und dabei gehörte der Wahl-Saarbrücker („Andere Spieler arbeiten, Waldner spielt") zu jenen, die bereits in Indien schwer erkrankten (40 Grad Fieber, fünf Kilo Gewichtsverlust) und in einer Spezialklinik behandelt werden mußten.

Herausragend aber auch Andrzej Grubba und sein Vereinskamerad Georg Böhm: Grubba, 29, führte nicht nur die polnische Nationalauswahl erneut auf Platz eins der Europaliga, sondern auch seinen Verein Zugbrücke Grenzau zum Gewinn von Europapokal, Deutscher Mannschafts- und Deutscher Pokalmeisterschaft. Dem 25jährigen Böhm schließlich gelang nicht nur das Comeback des Jahres, die Vielzahl seiner guten Ergebnisse machten ihn auch erstmals zur Nummer Zwölf in der Europarangliste.

Waldner und Grubba, aber auch Europameister Persson und einige andere werden in der neuen Saison nicht mehr in der Bundesliga zu erleben sein. Die Neuregelung der Spielerlaubnis für Ausländer im DTTB läßt nur noch den Einsatz von solchen Spielern und Spielerinnen zu, die ihren nationalen Verband nicht mehr aktuell auf internationaler Ebene vertreten. Hierzu DTTB-Präsident Gäb: „Wir mußten dem Geldtourismus ein Ende bereiten. Die Investitionen zahlen sich für einen Verein doch nur dann wirklich aus, wenn die ausländischen Stars nicht nur zu den Spielen einfliegen, sondern auch ständig vor Ort sind. Wie dies jetzt bei den Chinesen der Fall ist, die in zahlreichen Klubs spielen werden." Hans Wilhelm Gäb weiter: „Wir können uns nicht mit den Federn anderer schmücken. Was wir brauchen, das sind Idole aus dem eigenen Lager."

Das Bemühen um diese Idole von morgen hat bereits die ersten, allseits beachteten Erfolge gebracht: Die Bundesranglistenturniere in Kassel beendeten Katja Nolten vom DSC Kaiserberg, damals 16, und der ein Jahr ältere Düsseldorfer Jörg Roßkopf als bislang jüngste Sieger überhaupt, und in Berlin, so die Überschrift in einem Boulevardblatt, „flog ein Küken zum Titel": Die zum Zeitpunkt der Meisterschaft 15jährige Nicole Struse düpierte die Konkurrenz im Damen-Einzel. Von den Jugend-Europameisterschaften kehrte der DTTB-Nachwuchs Ende Juli mit einer Gold-, zwei Silber- und zwei Bronzemedaillen zurück – als erfolgreichster Verband Westeuropas.

Die Weltmeisterschaften in zwei Jahren im eigenen Land stellen eine Herausforderung dar, sie bedeuten aber auch eine große Chance.

Manfred Schäfer

Jörg Roßkopf – das Talent

Tanzen

Die Deutschen tanzen im siebten Medaillenhimmel

Weltmeisterschaft der Turniertanzformationen 1987 in Oslo: es war erst das dritte Mal im Ausland seit Bestehen der Titelkämpfe 1973.
Etwas Neues gibt es darüber eigentlich nicht zu berichten: Wie in den letzten 13 Jahren sicherten sich die deutschen Teams in beiden Disziplinen die Gold- und Silbermedaillen, um Bronze stritt „der Rest der Welt".
Alt sind auch die Animositäten und kleinen Boshaftigkeiten zwischen dem TSZ Velbert und der TSG Bremerhaven in der Lateinsektion: Es gehört schon zur Tradition, den anderen unqualifiziertes Lateintanzen vorzuwerfen und sie als Revue- und Musicalinterpreten zu verachten. Wie dem auch sei: Bremerhaven konnte eine Eins mehr einstreichen und holte sich damit den Titel zurück, was mir auch nach der frischen, peppigen Vorführung gerecht erschien. Velbert, tief enttäuscht, mußte sich schmollend mit Silber zufriedengeben. Mit Schuldzuweisungen, nicht in jedem Falle druckreif, könnte man Aktenordner füllen, wollte man sie ernst nehmen. Auf den folgenden Plätzen wurden keine Wortgefechte ausgetragen, da die Leistungsabfolge klar war: Dritter wurde das Quick-Motion-Team aus den Niederlanden vor den immer besser werdenden Australiern aus Perth.
Wie in Latein, so waren auch im Standard zehn Formationen angetreten, von denen aus den nachmittäglichen Vorrunden je sieben Teams überlebten. Im Semifinale Standard schien sich eine kleine Sensation anzukündigen. Ludwigsburg, Braunschweig und Oslo Ballroom wurden gleichgesetzt. Zwar bestand keine Gefahr für Ludwigsburg, aber Braunschweig stand auf wackelnden high heels. Die erwartete Änderung blieb in der Endrunde aus. Ludwigsburg konnte den Titel verteidigen, Braunschweig blieb Zweitbester der Welt vor den Norwegern, die mit fünf dritten Plätzen klar distanziert, aber dennoch enthusiastisch vom heimischen Publikum gefeiert wurden. So war wenigstens in dieser Sektion eitel Sonnenschein.
Nur in der Fachwelt war man nicht so glücklich. Man meinte eine Trendwende auf Kosten des Lateintanzens zu erkennen. Störende Elemente aus Jazzdance und Ballett würden das konventionelle Turniertanzen zu kläg-

Die dominierenden Formationen des Deutschen Tanzsportverbandes: TSZ Velbert (oben), TSG Bremerhaven (rechts unten) und TSC Kongreß Gelsenkirchen.

lichen Versuchen degradieren. Doch gibt es Gott sei Dank auch Stimmen, die den Vertrag aus diesem Grunde nicht als amputiert ansahen, sondern die moderne Frische und den zeitgemäßen Pepp lobten. Die Entwicklung macht eben auch nicht vor so altehrwürdigen „Sport"-Clubs wie die des Turniertanzes halt, auch wenn es so manchen Aktiven oder Funktionären zu sehr an den festeingeführten Normen rüttelt. Als Journalistin kann ich diese positive – wie ich meine öffnende – Entwicklung nur befürworten.
Erfreulich finde ich auch, daß endlich die indianerbraune Gesichtsfarbe einem natürlichen Farbton weicht; und man hat die Naturhaarfarbe wiederentdeckt. Leider verwechselt man noch allzuoft rassiges Aussehen mit zuviel Make up. Dies wirkt unnatürlich und birgt fast schon einen Touch von Billigkeit in sich. Weniger könnte da Mehr sein. Vielleicht sollte man zukünftig über eine etwas abgewandelte „Erscheinungsform" nachdenken, die dem harten Leistungssport Turniertanzen gerechter wird.

Christa Gierke

Golfsport

Ein Weltstar – und wer noch?

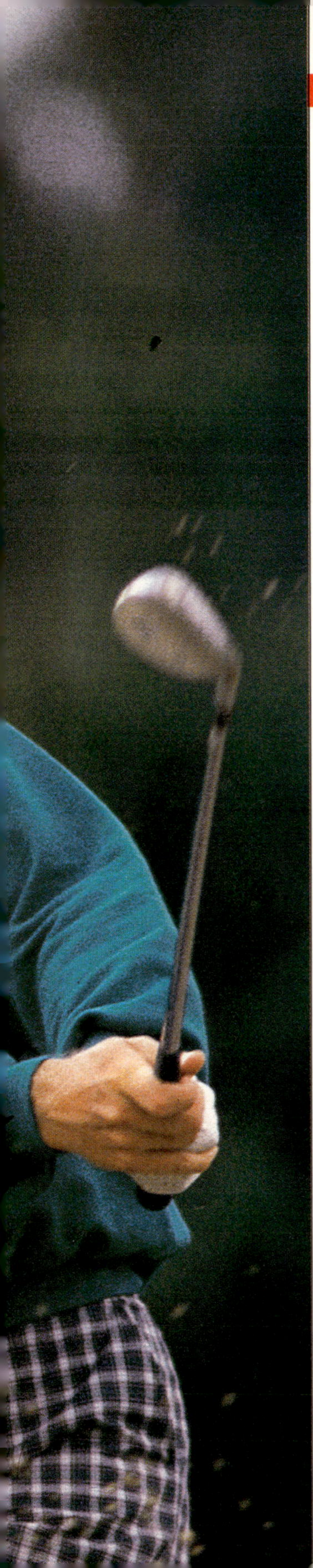

Martina Koch:
Sie ist Deutschlands beste und erfolgreichste Amateurgolferin! 1986 war Martina Koch Europameisterin. Seit einem Jahr lebt und studiert die 22jährige in Tucson/Arizona Landschaftsarchitektur.

Oliver Eckstein:
Der Jugendweltmeister* von 1985 ist das größte Golftalent in Deutschland. Spätestens seit den German Open in Frankfurt, als er Bernhard Langer besiegte und Sechster wurde, steht auch er in den Schlagzeilen.

Bernhard Langer:
Seit sieben Jahren zählt Bernhard Langer zur internationalen Golfelite – und seit seinem überraschenden Masterssieg in den USA ist er ein Weltstar wie Jack Nicklaus. Obwohl der ganz große Erfolg in diesem Jahr ausgeblieben ist, liegt Bernhard Langer nach wie vor auf Platz 3 der Weltrangliste hinter dem Australier Greg Norman und Severiano Ballesteros aus Spanien. 30 Jahre alt ist der Golfprofi aus dem kleinen Ort Anhausen bei Augsburg, und die besten zehn als Golfer kommen noch. Vielleicht ebenso wie sein möglicher Nachfolger, der 19jährige Oliver Eckstein aus Hamburg! Ob dem großen Talent eine ähnliche Karriere bevorsteht wie seinem Vorbild Bernhard Langer, werden die nächsten Jahre zeigen.

Thomas Rümmele

US-Sport

Seit zwei Jahrzehnten wird der „Super-Bowl"-Endspieltag zum „Super-Sonntag" deklariert. Das war am 25. Januar nicht anders, als sich in der 21. „Super Bowl" die Teams die „New York Giants" und die „Denver Broncos" gegenüberstanden. Die „Giganten" aus New York also, die sich in diesem Jahr zum ersten Mal für das Endspiel qualifizierten, und die „Wildpferde" aus den Rocky Mountains, aus Denver. Eine prickelnde Paarung. Die New Yorker, denen man in der abgelaufenen Saison die beste Defensivleistung der Liga bescheinigte, wurden zum Favoriten gemacht.

Das Spiel begann. Die Spannung dauerte bis zur Halbzeit, als die New Yorker knapp mit 10 : 9 führten. Dann kam das große Comeback. Unter der Regie des New Yorker Spielmachers Phil Sims, erzielten die „Giants" einen Touchdown nach dem andern, triumphierten sie in der zweiten Halbzeit völlig über die „Broncos". New York schlug Denver mit 39 : 20 Punkten.

100 Millionen Dollar sollte die Mittelgewichts-Weltmeisterschaft der beiden Superstars im Profiboxen einspielen. Der Champion, der glatzköpfige Marvelous Marvin Hagler, hatte seit fast elf Jahren keinen Kampf mehr verloren und verteidigte seinen Titel zum 13. Mal, diesmal gegen den Liebling des Boxsports, den Showmann Sugar Ray Leonard, den Mini-Ali. Und das Unmögliche, das der 29jährige Sugar Ray versuchen wollte: Nach fast dreijähriger Ringpause wollte dieser Exweltergewichts-Champ, der nur einmal in 34 Profikämpfen verloren hatte, die Mittelgewichtskrone erobern, noch dazu von dem derzeit besten Boxer im Ring. Die Wetten standen 5 : 2 für den Champion.

Doch im Ring selbst gab es das überraschendste Comeback aller Zeiten. Für mich persönlich zählt der 12-Runden-Punktsieg, den Sugar Ray Leonard sensationell über den Favoriten Marvin Hagler errang, zu den größten athletischen Leistungen, die ich je erlebt habe.

Ben Wett

Tod eines Bewegers

Es ist schwer vorstellbar, daß es ihn nicht mehr gibt. Ihn, der einen Raum in Besitz nehmen konnte, wenn er durch die Tür trat, der ihn mit seiner bloßen Präsenz füllte. Es ist schwer vorstellbar, daß man Willi Weyer nie mehr treffen wird, der bei unvorhergesehenen Begegnungen soviel spontane Herzlichkeit ausstrahlte, wenn er, die Zigarre in der Linken, mit weitausholender Geste die Rechte darbot, so daß man zunächst glauben mochte, er wolle sie einem um die Schulter legen.
Es war eine Herzlichkeit, die einen im wahrsten Sinne des Wortes „einnahm" und die doch nichts von der platten Jovialität der Mächtigen an sich hatte.
Macht war ihm früh im Leben zugefallen; zum einen: Jene, die mit Amt und Titel ausgestattet, für jedermann sichtbar war. Bereits mit 37 Jahren wurde er Wiederaufbauminister in seinem Heimatland Nordrhein-Westfalen im Kabinett Karl Arnold, 1956 Finanzminister unter Fritz Steinhoff. Dann – nach einer Zeit absoluter CDU-Mehrheit – war er 13 Jahre lang Innenminister unter Franz Meyers und Heinz Kühn, zugleich stellvertretender Ministerpräsident.
Zum andern: Der Einfluß des führenden FDP-Parteimannes, der weniger öffentlichkeitswirksam, aber vielleicht für die Lebendigkeit der Demokratie in der Bundesrepublik noch bedeutsamer war. Aber es war nicht der Reiz der Macht, was Willi Weyer nach solchen Ämtern streben ließ, sonst hätte er wohl nicht mehrfach das Angebot ausgeschlagen, Innenminister in Bonn zu werden. Ihn reizten Positionen, von denen aus sich im überschaubaren, durchschaubaren Bereich etwas bewegen ließ. Es war wohl auch das Bedürfnis, Bewegung in Erstarrtes zu bringen, die ihn nach der Präsidentschaft im Deutschen Sportbund greifen, ja um sie kämpfen ließ. Denn er brauchte zwei Anläufe. 1970 mußte er eine Abstimmungsniederlage gegen den Turnerbundführer Wilhelm Kregel hinnehmen. Und 1974 mußte er Abstinenz vom politischen Amt in Aussicht stellen, bevor ihn die selbstbewußten Mitgliedsverbände zu ihrem Repräsentanten wählten. Es war eine frustrierende Erfahrung für den liberalen Mann. Daß die DSB-Verbände ihrem Präsidenten wenig Bewegungs- und Entscheidungsfreiheit ließen, war ihm nichts Neues. Schließlich war er im Sport groß geworden, hatte seit 1957 an der Spitze seines heimatlichen Landessportbundes gestanden, hatte im DSB-Präsidium gesessen. Aber erst im neuen Amt wurde ihm deutlich, in welchem Maße der Staat durch seine finanziellen Zuschüsse die größte Vereinigung freier Bürger im Lande unter kleinlichster Kontrolle hielt. Das bestürzte und erboste ihn. Er reagierte mit dem Verzicht auf staatliche Mittel für die Führungsaufgaben des DSB. Das fehlende Geld mußte er den Mitgliedsverbänden durch Beitragserhöhung abtrotzen. Dieser Kraftakt half mit, der schwachen Hülse des Amtes durch das Gewicht seiner Persönlichkeit Inhalt zu verschaffen, Freiheiten für anderes, für engere Kontakte mit dem DDR-Sport zum Beispiel, und für den Breitensport, für die Stärkung des kleinen Vereins, aus dem sein ganz persönliches, intimes Verhältnis zum Sport von Jugend auf stammte.
In den härtesten Konflikt zwischen zwei Grundsätzen geriet Willi Weyer 1980 in der Frage des Boykotts der Olympischen Spiele von Moskau. Seine Abkehr von der Boykott-Gegnerschaft – um der Unabhängigkeit der Beschlüsse des freien Sports willen – haben ihm viele als Kapitulation vor der Politik ausgelegt. Er sah es anders: Erst die einstimmige Willensbekundung des Bundestages für die Nichtteilnahme zwang ihn zum Umdenken.
Als er 1986 das Amt des Sportpräsidenten niederlegte, hatte ihn die Krankheit schon gezeichnet und schmal gemacht.
Willi Weyer starb am Nachmittag des fünfundzwanzigsten August 1987 – bei einem Spaziergang am Strand von Juist.

Alfons Spiegel

Ergebnisdienst und Vorschau

Die Ländernamen und ihre Abkürzungen

AFG	Afghanistan
AHO	Niederländische Antillen
ALB	Albanien
ALG	Algerien
ANA	Antigua
AND	Andorra
ANG	Angola
ANT	Antillen
ARG	Argentinien
AUS	Australien
AUT	Österreich
BAH	Bahamas
BAN	Bangladesch
BAR	Barbados
BEL	Belgien
BEN	Benin (früher Dahomey)
BER	Bermudas
BIZ	Belize (früher Britisch Honduras)
BOH	Böhmen
BOL	Bolivien
BOT	Botswana
BRA	Brasilien
BRN	Bahrain
BUL	Bulgarien
BUR	Burma
CAB	Kambodscha
CAF	Zentralafrika
CAM	Kamerun
CAN	Kanada
CAY	Cayman-Inseln
CEY	Ceylon
CHA	Tschad
CHI	Chile
CHN	China
COB	Kongo-Brazzaville
COK	Kongo-Kinshasa
COL	Kolumbien
COS	Costa Rica
ČSR	Tschechoslowakei
CUB	Kuba
CYP	Zypern
DAH	Dahomey
DAN	Dänemark
DDR	Deutsche Demokratische Republik
DOM	Dominikanische Republik
ECU	Ekuador
EGY	Ägypten
ELF	Elfenbeinküste
EST	Estland
ETH	Äthiopien
FUD	Fidschi-Inseln
FIN	Finnland
FRA	Frankreich
GAB	Gabun
GAM	Gambia
GBR	Großbritannien
GER	Deutschland
GHA	Ghana
GRE	Griechenland
GUA	Guatemala
GUI	Guinea
GUY	Guayana
HAI	Haiti
HAN	Holländische Antillen
HBR	Britisch Honduras
HOK	Hongkong
HOL	Holland
HON	Honduras
IND	Indien
INS	Indonesien
IRA	Iran
IRK	Irak
IRL	Irland
ISL	Island
ISR	Israel
ITA	Italien
JAM	Jamaika
JAP	Japan
JAR	Jemen, Ar. Republik
JDR	Jemen, Dem. Volksrep.
JOR	Jordanien
JUI	Jungfrau-Inseln
KEN	Kenia
KOR	Südkorea
KUW	Kuwait
LAO	Laos
LBY	Libyen
LES	Lesotho
LET	Lettland
LIA	Liberia
LIB	Libanon
LIE	Liechtenstein
LIT	Litauen
LUX	Luxemburg
MAD	Madagaskar
MAL	Malaysia
MAR	Marokko
MAW	Malawi
MAY	Malaya
MCO	Monaco
MEX	Mexiko
MLI	Mali
MLT	Malta
MON	Mongolei
MOZ	Mosambik
MRI	Mauritius
MTN	Mauretanien
NBO	Nordborneo
NEP	Nepal
NGA	Nigeria
NGU	Papua-Neu Guinea
NIC	Nicaragua
NIG	Niger
NOR	Norwegen
NRH	Nordrhodesien
NSE	Neuseeland
PAK	Pakistan
PAN	Panama
PAR	Paraguay
PER	Peru
PHI	Philippinen
POL	Polen
POR	Portugal
PRK	Nordkorea
PUR	Puerto Rico
QAT	Katar
RHO	Rhodesien
RUM	Rumänien
RUS	Rußland
SAA	Saarland
SAF	Südafrika
SAL	El Salvador
SAM	Sambia
SAN	San Marino
SAU	Saudi Arabien
SEN	Senegal
SEY	Seyschellen
SIN	Singapur
SLE	Sierra Leone
SOM	Somalia
SOW	Sowjetunion
SPA	Spanien
SRI	Sri Lanka (früher Ceylon)
SUD	Sudan
SUI	Schweiz
SUR	Surinam
SWE	Schweden
SWZ	Swasiland
SYR	Syrien
TAI	Taiwan (Formosa)
TAN	Tanganjika
TAS	Tansania
THA	Thailand
TOG	Togo
TRI	Trinidad-Tobago
TUN	Tunesien
TUR	Türkei
UGA	Uganda
UNG	Ungarn
URU	Uruguay
USA	Vereinigte Staaten von Amerika
VAE	Vereinigte Arabische Emirate
VAR	Vereinigte Arabische Republik
VEN	Venezuela
VIE	Vietnam
VOL	Obervolta
YUG	Jugoslawien
ZAI	Zaire
ZIM	Zimbabwe (früher Rhodesien)

Calgary: Alles im Griff

Die Vorbereitungen laufen auf Hochtouren. Ingenieure und Bauarbeiter haben den Stab an die Organisatoren weitergegeben. Kleine Verzögerungen sind aufzuholen und eine Zeitreserve muß geschaffen werden. Denn am 13. 2. 1988 startet im kanadischen Calgary das wichtigste Sportereignis des kommenden Winters: die 15. Olympischen Winterspiele. Die Kritik aus Europa an den Spielen in Montreal ist unvergessen. Diesmal wird es klappen. Und wo die Organisation versagt, soll Improvisation funktionieren wie Planung. Die 620.000 Einwohner der kanadischen Ölmetropole haben darin Erfahrung. Und sie sind sicher, daß der Verlauf der Spiele dem Namen ihrer Stadt entsprechen wird. Calgary heißt nämlich in der Sprache der Schwarzfußindianer „klar fließendes Wasser".

Seoul: Der Nebel lichtet sich

Im großen sind die Vorbereitungen für das, was die Südkoreaner als Höhepunkt ihrer vieltausendjährigen Geschichte begreifen, abgeschlossen. Über drei Milliarden Dollar haben das Stadtbild von Seoul verändert, das dritte Jahrtausend klopft an die Tore der Metropole, und im Gefolge der Olympischen Sommerspiele, die am 17. 9. 1988 beginnen werden, hält auch die Demokratie Einzug im Land.
Aber die Nationen stehen noch nicht im Olympiastadion. Noch ist unklar, ob es dem feindlichen Bruder aus dem Norden nicht doch noch gelingen wird, einen Teilboykott der Spiele herbeizuführen. Die politische Lage in der Welt spricht zur Zeit dagegen. Und so hofft die gesamte Sportwelt, daß Seoul endlich wieder – nach München 1972 – eine komplette Olympiade wird, eine „Olympiade der Eintracht".

Die Sporthöhepunkte im olympischen Jahr 1988

30. 12. 87 – 6. 1. 88	Skispringen	Vierschanzentournee Oberstdorf, Garmisch-Partenkirchen, Innsbruck, Bischofshofen
11. – 24. 1. 88	Tennis Grand-Slam	Australien Open Melbourne/AUS
12. 1. 88	Fußball	Auslosung der EM-Endrunde Düsseldorf
12. – 17. 1. 88	Eiskunstlauf	EM Prag/CSR
16./17. 1. 88	Eisschnellauf	EM Damen Kongsberg/NOR
18. – 31. 1. 88	Bob	EM Sarajevo/YUG
23./24. 1. 88	Eisschnellauf	EM Herren Den Haag/HOL
29. – 31. 1. 88	Hockey	Hallen-EM Herren Wien/AUT
29. – 31. 1. 88	Rennrodeln	EM Königssee/GER
31. 1. 88	Radsport	Querfeldein-WM Hägendorf/SUI
4. – 7. 2. 88	Tischtennis	Int. DM Wiesbaden
5. – 7. 2. 88	Tennis	Daviscup 1. Runde
6./7. 2. 88	Eisschnellauf	Sprint-WM Damen und Herren West Allis/USA
9. – 11. 2. 88	Eisschnellauf	Kurzbahn Hallen-WM St. Louis/USA
11. – 14. 2. 88	Volleyball	Europapokal Finalrunde Damen
13. – 28. 2. 88	Olympische Winterspiele	Calgary/CAN
19. – 21. 2. 88	Volleyball	Europapokal Finalrunde Herren
28. 2. – 6. 3. 88	Tennis	Turnier Indian Wells/USA
2. 3. 88	Fußball	Europapokal Viertelfinale Hinspiele
4./5. 3. 88	Ringen	DM Freistil Hollbergmoos-Goldbach
5./6. 3. 88	Eisschnellauf	WM Vierkampf Herren
5./6. 3. 88	Leichtathletik	Hallen-WM Budapest/UNG
8. 3. 88	Eishockey	1. Spieltag der DM Play-Off-Runde
8./9. 3. 88	Fußball	DFB-Pokal Viertelfinale
10. – 13. 3. 88	Ski nordisch	Schwedische Skispiele Falun/SWE
11./12. 3. 88	Ringen	DM Griechisch-Römisch Köllerbach
11. – 13. 3. 88	Skispringen	Skiflug-WM Oberstdorf
12./13. 3. 88	Eisschnellauf	Weltcup-Finale Herren Inzell
12./13. 3. 88	Eisschnellauf	Weltcup-Finale Damen/HOL
14. – 27. 3. 88	Tennis	Turnier Key Biscayne/USA
16. 3. 88	Fußball	Europapokal Viertelfinale Rückspiele
16. – 20. 3. 88	Pferdesport	Dressur Weltcup-Finale Hertogenbosch/HOL
17. – 19. 3. 88	Ski nordisch	Holmenkollenspiele Oslo/NOR
17. – 20. 3. 88	Biathlon	Weltcup-Finale Jyväskylä/FIN
19./20. 3. 88	Eisschnellauf	Weltcup-Finale Damen Heerenveen/HOL
19. – 27. 3. 88	Tischtennis	EM Paris/FRA
20. 3. 88	Leichtathletik	15 km-Straßenlauf-WM Damen Adelaide/AUS
20. 3. 88	Formel I	1. Lauf Rio de Janeiro/BRA
22. – 27. 3. 88	Eiskunstlauf	WM Budapest/UNG
23. 3. 88	Fußball	Länderspiel GER – SUI Kaiserslautern
24. – 27. 3. 88	Ski alpin	Weltcup-Finale Damen und Herren Saalbach/AUT
26. 3. 88	Leichtathletik	Crosslauf-WM Damen und Herren Auckland/NSE
26./27. 3. 88	Ski nordisch	Weltcup-Finale Ski-Langlauf und Nordische Kombination Rovaniemi/FIN
26./27. 3. 88	Skispringen	Weltcup-Finale Planica/YUG
27. 3. 88	Motorrad	1. WM-Lauf Suzuka/JAP
28. 3. – 2. 4. 88	Tennis	WCT-Finale Dallas/USA
30. 3. – 4. 4. 88	Kunst- und Turmspringen	Europacup Edinburgh/GBR
5. – 7. 4. 88	Basketball	Europapokal der Landesmeister Finalrunde
6. 4. 88	Fußball	Europapokal Halbfinale Hinspiele
6. – 10. 4. 88	Pferdesport	Springreiten Hallen-Weltcup-Finale Göteborg/SWE
11. – 17. 4. 88	Curling	WM Herren Lausanne/SUI
11. – 17. 4. 88	Badminton	EM Kristiansand/NOR

12./13.4.88	Fußball	DFB-Pokal Halbfinale
16.–18.4.88	Ringen	EM Freistil Manchester/GBR
18.–24.4.88	Tennis	Turnier Monte Carlo/MCO
20.4.88	Fußball	Europapokal Halbfinale Rückspiele
23.–30.4.88	Volleyball	Spring-Cup Damen (GRE) und Herren (SWE)
25.–30.4.88	Boxen	Intercup Karlsruhe
25.4.–1.5.88	Tennis	Int. DM Hamburg
30.4./1.5.88	Handball	Europapokal-Finale Damen Hinspiel
1.5.88	Handball	letzter Spieltag Bundesliga Herren
1.–4.5.88	Fußball	Vier-Nationen-Turnier Berlin
2.–8.5.88	Tennis	Turnier München
2.–8.5.88	Tennis	Turnier New York/USA
4.5.88	Fußball	UEFA-Pokal 1. Endspiel
6.–8.5.88	Kunstschwimmen	Europacup Synchronschwimmen
7./8.5.88	Handball	Europapokal-Finale Damen Rückspiel
9.–15.5.88	Tennis	Turnier Rom/ITA
11.5.88	Fußball	Europapokal der Pokalsieger Finale
13.–15.5.88	Ringen	EM Griechisch-Römisch Kolbotn/NOR
14./15.5.88	Handball	Europapokal-Finale Herren Hinspiel
16.–22.5.88	Tennis	World-Team-Cup Düsseldorf
18.5.88	Fußball	UEFA-Pokal 2. Endspiel
21.5.88	Fußball	letzter Spieltag 1. Bundesliga
21.–23.5.88	Handball	Europapokal-Finale Herren Rückspiel
23.5.–5.6.88	Tennis Grand-Slam	French-Open Paris/FRA
25.5.88	Fußball	Europapokal der Landesmeister Finale Stuttgart
28.5.88	Fußball	DFB-Pokal Finale Damen und Herren Berlin
29.5.88	Fußball	letzter Spieltag 2. Bundesliga
29.5.88	Motorrad	WM-Lauf Nürburgring
3.–6.6.88	Basketball	Supercup Dortmund
6.–13.6.88	Tennis	Turnier Queens London/GBR

10.–25.6.1988 Fußball-Europameisterschaft/GER

10.6. Eröffnungsspiel mit GER in Düsseldorf
14.6. mit GER in Gelsenkirchen
17.6. mit GER in München
21.6. 1. Halbfinale in Hamburg
22.6. 2. Halbfinale in Stuttgart
25.6. Finale in München

16.–25.6.88	Segeln	Kieler Woche
19.6.88	Fußball	DM Amateure Finale
20.6.–3.7.88	Tennis Grand-Slam	Wimbledon London/GBR
26.6.88	Fußball	DM Damen Finale
1./2.7.88	Rudern	DM Hamburg
11.–17.7.88	Tennis	Turnier Stuttgart
18.–24.7.88	Schwimmen	DM
22.–24.7.88	Tennis	Daviscup Halbfinale
22.–24.7.88	Leichtathletik	DM Frankfurt
26.7.88	Fußball	1. Spieltag 1. Bundesliga
29.–31.7.88	Pferdesport	DM Dressur und Springreiten
22.8.88	Kanu	WM Marathonrennsport Nottingham/GBR
26.8.88	Leichtathletik	ISTAF und Grand-Prix-Finale Berlin
29.8.–11.9.88	Tennis Grand-Slam	US Open Flushing Meadow, New York/USA
Ende August	Rudern	WM Mailand/ITA
	Radsport	WM Bahn und Straße/BEL
7.9.88	Fußball	Europapokal 1. Runde Hinspiele
17.9.–2.10.88	Olympische Sommerspiele	Seoul/KOR

Automobilsport

Rallye-Weltmeisterschaft 1986

Endstand Fahrer-Weltmeisterschaft (nach Annulierung der Rallye San Remo)

1. J. Kankkunen/FIN Peugeot 205 T 16
2. M. Alen/FIN Lancia Delta S 4
3. T. Salonen/FIN Peugeot 205 T 16

Rallye-Weltmeisterschaft 1987

		Sieger	
17. – 24. 1. 87	Rallye Monte Carlo/MCO FRA	M. Biasion/T. Siviero ITA	Lancia Delta HF
13. – 15. 2. 87	Schweden-Rallye/SWE	T. Salonen/S. Harjanne FIN	Mazda 323
10. – 15. 3. 87	Rallye Portugal/POR	M. Alen/I. Kivimäki FIN	Lancia Delta HF
16. – 20. 4. 87	Safari-Rallye/KEN	H. Mikkola/A. Hertz FIN/SWE	Audi 2000 Quattro
7. – 10. 5. 87	Rallye Korsika/FRA	B. Beguin/J.-J. Lenne FRA	BMW M 3
30. 5. – 4. 6. 87	Rallye Akropolis/GRE	M. Alen/I. Kivimäki FIN	Lancia Delta HF
26. – 29. 6. 87	Olympus-Rallye/USA	J. Kankkunen/J. Piironen FIN	Lancia Delta HF
11. – 14. 7. 87	Neuseeland-Rallye/NSE	F. Wittmann/J. Patterman AUT/SWE	Lancia Delta HF
2. – 9. 8. 87	Argentinien-Rallye/ARG	M. Biasion/T. Siviero ITA	Lancia Delta HF
26. – 30. 8. 87	1000-Seen-Rallye/FIN	M. Alen/I. Kivimäki/FIN	Lancia Delta HF
22. – 26. 9. 87	Rallye Elfenbeinküste	Eriksson/Diekmann SWE/GER	VW Golf GTI 16 V

Zwischenstand Fahrer-Weltmeisterschaft 1987

am 26. 9. 87 nach dem 11. Lauf (Rallye Elfenbeinküste)
1. M. Alen/FIN Lancia Delta HF und J. Kankkunen/FIN Lancia Delta HF
3. M. Biasion/ITA Lancia Delta HF

Formel I 1986

Endstand Fahrer-Weltmeisterschaft

1. A. Prost/FRA	McLaren-Porsche
2. N. Mansell/GBR	Williams-Honda
3. N. Piquet/BRA	Williams-Honda

Formel I 1987

		Sieger	
12. 4. 87	Rio de Janeiro/BRA	A. Prost/FRA	McLaren-Porsche
3. 5. 87	Imola/SAN	N. Mansell/GBR	Williams-Honda
17. 5. 87	Spa/BEL	A. Prost/FRA	McLaren-Porsche
31. 5. 87	Monte Carlo/MCO	A. Senna/BRA	Lotus-Honda
21. 6. 87	Detroit/USA	A. Senna/BRA	Lotus-Honda
5. 7. 87	Le Castellet/FRA	N. Mansell/GBR	Williams-Honda
12. 7. 87	Silverstone/GBR	N. Mansell/GBR	Williams-Honda
26. 7. 87	Hockenheim/GER	N. Piquet/BRA	Williams-Honda
9. 8. 87	Budapest/UNG	N. Piquet/BRA	Williams-Honda
16. 8. 87	Zeltweg/AUT	N. Mansell/GBR	Williams-Honda
6. 9. 87	Monza/ITA	N. Piquet/BRA	Williams-Honda
20. 9. 87	Estoril/POR	A. Prost/FRA	McLaren-Porsche
27. 9. 87	Jerez/SPA	N. Mansell/GBR	Williams-Honda

Tourenwagen-Weltmeisterschaft 1987

Zwischenstand am 6. 9. 87 nach dem 7. Lauf (Silverstone/GBR)

1. K. Ludwig/GER Ford Sierra Cosworth
   K. Niedzwiedz/GER Ford Sierra Cosworth
3. R. Ravaglia/ITA BMW M3

ADAC-Super-Cup

Zwischenstand am 9. 8. 87 nach dem 5. Lauf (Diepholz)

1. H.-J. Stuck/GER Porsche 962 C
2. B. Wollek/FRA Porsche 962 C
3. O. Larrauri/ARG Porsche 962 C

Tourenwagen-Europameisterschaft 1987

Endstand

1. W. Vogt/GER BMW M3
2. A. Heger/GER BMW M3

Formel 3000 Europameisterschaft

Zwischenstand am 13. 9. 87 nach dem 9. Lauf (Imola/ITA)

1. S. Modena/ITA March 87B
2. R. Moreno/BRA Ralt-Honda
3. M. Gugelmin/BRA Ralt-Honda

Zwischenstand Fahrer-Weltmeisterschaft 1987

am 27. 9. 87 nach dem 13. Lauf (Jerez/SPA)

1. N. Piquet/BRA Williams-Honda
2. N. Mansell/GBR Williams-Honda
3. A. Senna/BRA Lotus-Honda

American Football

Super Bowl

25. 1. 87, Pasadena/USA
New York Giants – Denver Broncos 39 : 20

Deutsche Meisterschaft

Finale: 27. 7. 86, Würzburg
Düsseldorf Panther – Ansbach Grizzlies 27 : 14

Biathlon

Weltmeisterschaft

Herren

10. – 15. 2. 1987
Lake Placid/USA

10 km

1. F.-P. Roetsch/DDR

8. F. Schuler/AUT

20 km

1. F.-P. Roetsch/DDR

7. P. Angerer/GER
8. E. Reiter/GER
9. F. Fischer/GER

4 x 7,5-km-Staffel

1. DDR
2. SOW
3. GER

Damen

22. – 28. 2. 1987
Lahti/FIN

5 km

1. J. Golowina/SOW

10 km

1. F. Grönlund/NOR

3 x 5-km-Staffel

1. SOW

Weltcup 1986/87 Schlußklassement

1. F.-P. Roetsch/DDR
2. F. Fischer/GER
3. J. Matous/CSR

9. E. Reiter/GER

Deutsche Meisterschaft

26. 2. – 1. 3. 1987
Ruhpolding

Herren

10 km

1. P. Angerer

20 km

1. P. Angerer

4 x 7,5-km-Staffel

1. Bayerischer Skiverband (E. Reiter, H. Tengg, P. Angerer, F. Wudy)

Damen

5 km

1. M. Hille

10 km

1. M. Stede

3 x 5-km-Staffel

1. Bayerischer Skiverband (S. Schuber, M. Gstatter, M. Hille)

Basketball

Europameisterschaft

Damen
4.–11. 9. 1987
Cadiz/SPA
1. SOW
2. YUG
3. UNG

Herren
3.–14. 6. 1987
Athen/GRE
1. GRE
2. SOW
3. YUG
6. GER

USA-Meisterschaft 1987

(NBA-Profiliga)
Los Angeles Lakers – Boston Celtics 4 : 2 Siege (Best-of-Seven)

Supercup

20.–23. 5. 1987
Dortmund
YUG – USA (All-Star-Team) 107 : 92

Europapokal der Landesmeister 1986/87

Damen
12. 3. 1987
Saloniki/GRE
Primigi Vicenza/ITA – Dinamo Novosibirsk/SOW 86 : 73

Herren
2. 4. 1987
Lausanne/SUI
Tracer Mailand/ITA – Maccabi Tel Aviv/ISR 71 : 69

Europapokal der Pokalsieger 1986/87

Damen
(Liliana-Ronchetti-Cup)
11. 3. 1987
Wittenheim/FRA
TTT Daugawa Riga/SOW – Femminile Mailand/ITA 87 : 80

Herren
17. 3. 1987
Novi Sad/YUG
Cibona Zagreb/YUG – Scavolini Pesaro/ITA 89 : 74

Korac-Cup 1986/87

Herren
18. 3. 1987, Barcelona/SPA und
25. 3. 1987, Limoges/FRA
FC Barcelona/SPA – CSP Limoges/FRA
106 : 85 und 97 : 86

Deutsche Meisterschaft 1986/87

Damen
(nach Play-off-Runde)
1. Agon 08 Düsseldorf
2. Barmer TV
3. SG München

Herren
(nach Play-off-Runde)
1. BSC Saturn Köln
2. TSV Bayer 04 Leverkusen
3. MTV Gießen

Deutscher Pokal

Damen
25. 4. 1987
München
SG München – TV Bensberg 90 : 50

Herren
5. 4. 1987
Leverkusen
TSV Bayer 04 Leverkusen – MTV Gießen 92 : 71

Bobsport

Weltmeisterschaft

10./11. 1. 1987
St. Moritz/SUI

Zweierbob
1. SUI I (R. Pichler/C. Poltera)
2. SUI II (H. Hiltebrand/A. Kiser)
DDR I (W. Hoppe/D. Schauerhammer)
5. GER I (A. Fischer/C. Langen)
7. AUT I (I. Appelt/J. Muigg)
9. AUT II (F. Paulweber/H. Winkler)

17./18. 1. 1987
St. Moritz/SUI

Viererbob
1. SUI II (H. Hiltebrand)
2. DDR I (W. Hoppe)
3. SUI I (R. Pichler)
4. GER II (A. Fischer)
5. AUT I (P. Kienast)
8. GER I (P. Schliwa)

Europameisterschaft

24./25. 1. 1987
Cervinia/ITA

Zweierbob
1. DDR I (W. Hoppe/D. Schauerhammer)
2. SOW I (J. Kipurs/W. Alexandrow)
3. SUI III (G. Weder/B. Gerber)
4. SUI I (R. Pichler/C. Poltera)
5. GER I (A. Fischer/C. Langen)
6. SUI II (H. Hiltebrand/A. Kiser)

31. 1./1. 2. 1987
Cervinia/ITA

Viererbob
1. DDR I (W. Hoppe)
2. SUI I (R. Pichler)
3. SUI II (E. Fasser)

Deutsche Meisterschaft

Zweierbob
13./14. 12. 1986
Winterberg
1. A. Fischer/C. Langen

Viererbob
20./21. 12. 1986
Winterberg
1. M. Sperr/A. Groni/K. Schamberg/R. Müller

Baseball

Europameisterschaft

17.–26. 7. 1987
Barcelona/SPA
1. HOL
2. ITA
3. SPA
6. GER

Bodybuilding

Weltmeisterschaft der Amateure

25./26. 10. 1986
Tokio/JAP
Herren 1. R. Möller/GER

Deutsche Meisterschaft

23./24. 5. 1987
München
Damen 1. M. Ulmer
Herren 1. W. Jasinowski

Badminton

Weltmeisterschaft

18. – 24. 5. 1987
Peking/CHN

Damen	Herren
Einzel	
Han Aiping/CHN	Yang Yang/CHN
Doppel	
Lin Ying/ Guan Weizhen CHN	Tian Bingyi/ Li Yongbo CHN
Mixed	
Wang Pengren/Shi Fanjing CHN	

Internationale Deutsche Meisterschaft

27. 2. – 1. 3. 1987
Düsseldorf

Damen	Herren
Einzel	
Qian Ping/CHN	D. Hall/GBR
Doppel	
Lin Ying/ Guan Weizhen CHN	S. Thongsari/ S. Chanseorasmee THA
Mixed	
M. Dew/G. Gilks GBR	

Deutsche Meisterschaft

30. 1. – 1. 2. 1987
Oberhausen

Damen	Herren
Einzel	
K. Schmidt	G. Schänzler
Doppel	
K. Schmieder/ P. Dieris-Wierichs	T. Künstler/ S. Frey
Mixed	
K. Schmidt/V. Eiber	

Bundesliga Herren 1986/87

1. TV Mainz-Zahlbach

B-Europameisterschaft Herren

(Helvetia-Cup)

1. GER

Bogenschießen

Weltmeisterschaft

24. – 28. 3. 1987
Adelaide/AUS

Einzel

Damen

1. Xiagjun Ma/CHN 330 Ringe
2. Hee-Kyung Wang/KOR 328 Ringe
3. Yawen Yao/CHN 323 Ringe

Herren

1. W. Eschejew/SOW 329 Ringe
2. A. Lippolt/GER 326 Ringe
3. J. Barrs/USA 319 Ringe

6. D. Kahlert/GER 312 Ringe

Mannschaft

Damen

1. SOW 884 Ringe
2. KOR 869 Ringe
3. FRA 866 Ringe

4. GER 864 Ringe

Herren

1. GER 891 Ringe (A. Lippolt, B. Schröppel, D. Kahlert)
2. USA 878 Ringe
3. CHN 871 Ringe

Boxen

Profis

Gewichtsklassen	Weltmeister WBA	WBC	IBF	Europameister
Halbfliegengewicht	Myung-Woo Yuh/KOR	Junng-Koo Chang/KOR	Jom-Hwan Choi/KOR	–
Fliegengewicht	F. Bassa/COL	S. Chitalada/THA	D. Penalosa/PHI	D. McKenzie/GBR
Super-Fliegengewicht	K. Galaxy/THA	S. Rojas/COL	Tea-Il Chang/KOR	–
Bantamgewicht	Chang-Yong Park/KOR	M. Lora/COL	K. Seabrooks/USA	L. Gomis/FRA
Super-Bantamgewicht	L. Espinoza/USA	J. Fenech/AUS	Seung-Hoon Lee/KOR	–
Federgewicht	A. Esparragozza/VEN	A. Nelson/GHA	A. Rivera/PUR	V. Nati/GBR
Super-Federgewicht	B. Mitchell/SAF	J. C. Chavez/MEX	R. Lockridge/USA	S. Curcetti/ITA
Leichtgewicht	E. Rosario/PUR	J. L. Ramirez/MEX	V. Pazienza/USA	G. B. Jacobsen/DAN
Halbweltergewicht	J. M. Coggi/ARG	R. Arredondo/MEX	T. Marsh/GBR	T. Nkalankete/FRA
Weltergewicht	M. Starling/USA	L. Honeyghan/GBR	L. Honeyghan/GBR	M. Martelli/SUI
Halbmittelgewicht	M. McCallum/JAM	L. Aquino/MEX	M. Hilton/CAN	G. Rosi/ITA
Mittelgewicht	vakant	S. R. Leonard/USA	S. R. Leonard/USA	S. Kalambay/ITA
Super-Mittelgewicht	vakant	vakant	Chong-Pal Park/KOR	vakant
Halbschwergewicht	L. Stewart/TRI	T. Hearns/USA	B. Czyz/USA	A. Blanchard/HOL
Leichtschwergewicht	E. Holyfield/USA	C. DeLeon/PUR	E. Holyfield/USA	S. Reeson/GBR
Schwergewicht	M. Tyson/USA	M. Tyson/USA	M. Tyson/USA	A. Eklund/SWE

Deutsche Meisterschaft

29. 10. – 1. 11. 86
Bochum

Europa-Meisterschaft

29. 5. – 6. 6. 87
Turin/ITA

Gewichtsklassen (in kg)		Sieger (Deutsche Meisterschaft)	Sieger (Europa-Meisterschaft)
Halbfliegen	(bis 48)	–	N. Muntschjan/SOW
Fliegen	(bis 51)	P. Müller	A. Tews/DDR
Bantam	(bis 54)	P. Gailer	A. Christow/BUL
Feder	(bis 57)	K. Niketta	M. Kasarjan/SOW
Leicht	(bis 60)	R. Gies	O. Nasarow/SOW
Halbwelter	(bis 63,5)	I. Schredle	B. Abadschiew/BUL
Welter	(bis 67)	A. Künzler	W. Tschischow/SOW
Halbmittel	(bis 71)	N. Nieroba	E. Richter/DDR
Mittel	(bis 75)	S. Ottke	H. Maske/DDR
Halbschwer	(bis 81)	T. Spürgin	J. Waulin/SOW
Schwer	(bis 91)	F. Zegel	A. Vanderlijde/HOL
Superschwer	(über 91)	B. Schwab	U. Kaden/DDR

Bundesliga 1986/87 Finale

BSK 27 Ahlen – Bayer 04 Leverkusen
12 : 14 in Leverkusen
15 : 12 in Ahlen

Curling

Weltmeisterschaft

Damen
22. – 28. 3. 1987
Lake Forest/USA
1. CAN
2. GER (SC Rießersee: A. Schöpp, A. Hege, M. Wagner, L. Schöpp)
3. SUI

Herren
30. 3. – 5. 4. 1987
Vancouver/CAN
1. CAN
2. GER (EC Oberstdorf: R. Schmidt, J. Jahr, W. Burba, H.-J. Burba)
3. NOR

7. SUI

Eishockey

Weltmeisterschaft

17. 4. – 3. 5. 1987
Wien/AUT

Schlußklassement Finalrunde

1. SWE	14 : 5	4 : 2
2. SOW	4 : 3	4 : 2
3. CSR	8 : 7	3 : 3
4. CAN	2 : 13	1 : 5

Schlußklassement Abstiegsrunde

5. FIN	32 : 34	11 : 9
6. GER	31 : 37	9 : 11
7. USA	36 : 49	8 : 12
8. SUI	26 : 71	0 : 20 (steigt in die B-Gruppe ab)

Aufsteiger (als Sieger der B-Weltmeisterschaft) Polen

Iswestija-Cup

16. – 21. 12. 1986
Moskau/SOW
1. SOW
2. CAN
3. SWE

Canada-Cup

27. 8. – 14. 9. 1987
CAN
CAN : SOW
2 : 1 Siege
(5 : 6, 6 : 5, 6 : 5)

Stanley-Cup

1986/87
Edmonton Oilers – Philadelphia Flyers
4 : 3
(Best-of-Seven)

Bundesliga-Abschlußtabellen der Saison 1986/87

Bei Punktgleichheit entscheidet jeweils der direkte Vergleich

Abschluß Doppelrunde:

	Sp.	G.	U.	V.	Tore	Punkte
1. SB Rosenheim	36	23	3	10	158 : 118	49 : 23
2. Kölner EC	36	23	2	11	164 : 101	48 : 24
3. Düsseldorfer EG	36	23	2	11	192 : 123	48 : 24
4. Mannheimer ERC	36	21	1	14	158 : 97	43 : 29
5. ESV Kaufbeuren	36	19	3	14	128 : 143	41 : 31
6. ECD Iserlohn	36	17	3	16	158 : 156	37 : 35
7. ERC Schwenningen	36	16	3	17	122 : 152	35 : 37
8. EV Landshut	36	13	2	21	144 : 177	28 : 44
9. Eintracht Frankfurt	36	9	2	25	107 : 169	20 : 52
10. SC Riessersee	36	5	1	30	100 : 195	11 : 61

Play-Off-Runde

Viertelfinale

Kölner EC	– ERC Schwenningen	8 : 3 – 4 : 3 n. V. – 9 : 0
SB Rosenheim	– EV Landshut	3 : 1 – 2 : 4 – 8 : 2 – 8 : 2
Düsseldorfer EG	– ECD Iserlohn	4 : 3 – 8 : 7 n. V. – 9 : 5
Mannheimer ERC	– ESV Kaufbeuren	4 : 0 – 5 : 4 – 4 : 5 n. V. – 5 : 1

Halbfinale

SB Rosenheim	– Mannheimer ERC	2 : 3 n. V. – 1 : 3 – 3 : 4
Kölner EC	– Düsseldorfer EG	8 : 1 – 9 : 1 – 7 : 3

Spiele um Platz 3

Düsseldorfer EG	– SB Rosenheim	5 : 5 – 7 : 5

Finale

Kölner EC	– Mannheimer ERC	5 : 0 – 6 : 2 – 9 : 2

Tabelle (nach der Play-off-Runde)
1. Kölner EC
2. Mannheimer ERC
3. Düsseldorfer EG
4. SB Rosenheim

Absteiger SC Riessersee
Aufsteiger Berliner SC Preussen

Eisschnellauf

Weltmeisterschaft im Sprintvierkampf 31. 1./1. 2. 1987 St. Foy/CAN		Weltmeisterschaft im Großen Vierkampf 7./8. 2. 1987 West Allis/USA | 14./15. 2. 1987 Heerenveen/HOL	
Damen	*Herren*	*Damen*	*Herren*
1. K. Kania/DDR 6. M. Gawenus/GER	1. A. Kuroiwa/JAP	1. K. Kania/DDR	1. N. Guljajew/SOW 3. M. Hadschieff/AUT
Europameisterschaft im Großen Vierkampf 17./18. 1. 1987 Groningen/HOL | 24./25. 1. 1987 Trondheim/NOR			
Damen	*Herren*		
1. A. Ehrig/DDR	1. N. Guljajew/SOW 2. M. Hadschieff/AUT		
Deutsche Meisterschaft im Sprintvierkampf 14./15. 2. 1987 München		**Deutsche Meisterschaft im Großen Vierkampf** 21./22. 2. 1987 Grefrath	
Damen	*Herren*	*Damen*	*Herren*
1. M. Gawenus	1. U. Streb	1. A. Hassmann	1. H. Baltes

Eiskunstlauf

Welt-Meisterschaft

9. – 15. 3. 1987
Cincinnati/USA

Damen
1. K. Witt/DDR
2. D. Thomas/USA
3. C. Kadavy/USA

6. C. Leistner/GER

Herren
1. B. Orser/CAN
2. B. Boitano/USA
3. A. Fadejew/SOW

9. R. Zander/GER

Paarlauf
1. E. Gordejewa/S. Grinkow/SOW
2. E. Walowa/O. Wasiljew/SOW
3. J. Watson/P. Oppegard/USA

Eistanz
1. N. Bestemjanowa/A. Bukin/SOW
2. M. Klimowa/S. Ponomarenko/SOW
3. T. Wilson/R. McCall/CAN

6. K. Beck/ C. Beck/AUT
7. A. Becherer/F. Becherer/GER

Europa-Meisterschaft

3. – 8. 2. 1987
Sarajewo/YUG

Damen
1. K. Witt/DDR
2. K. Iwanowa/SOW
3. A. Kondraschowa/SOW

4. C. Leistner/GER
5. S. Becher/GER
6. C. Villiger/SUI

Herren
1. A. Fadejew/SOW
2. W. Kotin/SOW
3. W. Petrenko/SOW

6. R. Zander/GER
9. O. Höner/SUI

Paarlauf
1. L. Seleznewa/O. Makarow/SOW
2. E. Walowa/O. Wasiljew/SOW
3. K. Kanitz/T. Schröter/DDR

6. S. Adalbert/D. Caprano/GER

Eistanz
1. N. Bestemjanowa/A. Bukin/SOW
2. M. Klimowa/S. Ponomarenko/SOW
3. N. Annenko/G. Sretenski/SOW

4. K. Beck/ C. Beck/AUT
7. A. Becherer/F. Becherer/GER

Deutsche Meisterschaft 7. – 11. 1. 1987 in Berlin

1. C. Leistner

1. R. Zander

1. S. Adalbert/D. Caprano

1. A. Becherer/F. Becherer

Fechten

Weltmeisterschaft

17. – 26. 7. 1987
Lausanne/SUI

Florett

Einzel / Damen
1. E. Tufan/RUM
2. Z. Funkenhauser/GER
3. Ju Jie Luan/CHN

Mannschaft / Damen
1. UNG
2. RUM
3. ITA

4. GER

Einzel / Herren
1. M. Gey/GER
2. M. Behr/GER
3. F. Cervi/ITA

6. U. Schreck/GER

Mannschaft / Herren
1. GER (M. Gey, M. Behr, T. Weidner, U. Schreck, K. Reichert
2. FRA
3. UNG

Säbel

Einzel / Herren
1. J.-F. Lamour/FRA
2. G. Nebald/UNG
3. R. Koscielniakowski/POL

Mannschaft / Herren
1. SOW
2. BUL
3. FRA

4. GER

Degen

Einzel / Herren
1. V. Fischer/GER
2. A. Schuwalow/SOW
3. W. Loyola/CUB

6. M. Poffet/SUI

Mannschaft / Herren
1. SOW
2. GER
3. FRA

Europapokal – Florett

27. 2. 1987
Turin/ITA

Damen

FC Tauberbischofsheim/GER –
ZSKA Moskau/SOW 9 : 6

15. 3. 1987
Paris/FRA

Herren

Policia Rom/ITA –
FC Tauberbischofsheim/GER 8 : 6

Deutsche Meisterschaften

Florett

31. 1./1. 2. 1987
Tauberbischofsheim

Einzel

Damen

A. Fichtel

Herren

R. Christen

Mannschaft

Damen

FC Tauberbischofsheim

Herren

FC Tauberbischofsheim

Degen

Einzel

5. 4. 1987
Mannheim

Damen

M. Korger

10./11. 1. 1987
Bonn

Herren

A. Schmitt

Mannschaft

Herren

FC Tauberbischofsheim

Säbel

10./11. 1. 1987
Bonn

Herren

Einzel

J. Nolte

Mannschaft

OFC Bonn

Europapokal – Säbel

6. 2. 1987
Budapest/UNG

Herren

Fiamme Oro Rom/ITA –
Dynamo Moskau/SOW 9 : 5

Europapokal – Degen

24. 4. 1987
Heidenheim/GER

Herren

FC Tauberbischofsheim/GER –
Dynamo Moskau/SOW 8 : 5

Weltcup-Endstand

1986/87

Florett

Damen

1. Z. Janosi/UNG
2. A. Fichtel/GER
3. M. Zalaffi/ITA
4. Z. Funkenhauser/GER
5. S. Bau/GER

Herren

1. A. Borella/ITA
2. P. Omnes/FRA
3. Z. Ersek/UNG

Säbel

Herren

1. J. Olech/POL
2. A. Alchan/SOW
3. M. Marin/ITA

Degen

Herren

1. A. Schmitt/GER
2. A. Pusch/GER
3. E. Borrmann/GER
5. T. Gerull/GER
6. V. Fischer/GER

Fußball

Europapokal der Landesmeister

27. 5. 1987, Wien/AUT
FC Porto/POR – FC Bayern München/GER 2 : 1

Europapokal der Pokalsieger

13. 5. 1987, Athen/GRE
Ajax Amsterdam/HOL –
1. FC Lokomotive Leipzig/DDR 1 : 0

UEFA-Pokal

1. Finale: 6. 5. 1987 in Göteborg/SWE
IFK Göteborg – Dundee United 1 : 0
2. Finale: 20. 5. 1987 in Dundee/Schottland
Dundee United – IFK Göteborg 1 : 1
IFK Göteborg UEFA-Pokal-Sieger

Weltcup

14. 12. 86, Tokio/JAP
River Plate Buenos Aires/ARG –
Steaua Bukarest/RUM 1 : 0

Supercup

28. 7. 87, Frankfurt
FC Bayern München – Hamburger SV 2 : 1

DFB-Pokal

20. 6. 87, Berlin
Hamburger SV – Stuttgarter Kickers 3 : 1

Deutsche Amateurmeisterschaft

21. 6. 87, Duisburg
MSV Duisburg – FC Bayern München 4 : 1

Amateur-Länderpokal

5. 4. 87, Meppen
Niedersachsen – Berlin 3 : 1

Deutsche A-Jugend-Meisterschaft

17. 7. 87, Uerdingen
Bayer Uerdingen – Eintracht Frankfurt 2 : 1

Bundesliga-Tabelle 1986/87

	Sp.	G.	U.	V.	Tore	Punkte
1. FC Bayern München	34	20	13	1	67 : 31	53 : 15
2. Hamburger SV	34	19	9	6	69 : 37	47 : 21
3. Bor. Mönchengladbach	34	18	7	9	74 : 44	43 : 25
4. Borussia Dortmund	34	15	10	9	70 : 50	40 : 28
5. Werder Bremen	34	17	6	11	65 : 54	40 : 28
6. Bayer Leverkusen	34	16	7	11	56 : 38	39 : 29
7. 1. FC Kaiserslautern	34	15	7	12	64 : 51	37 : 31
8. Bayer Uerdingen	34	12	11	11	51 : 49	35 : 33
9. 1. FC Nürnberg	34	12	11	11	62 : 62	35 : 33
10. 1. FC Köln	34	13	9	12	50 : 53	35 : 33
11. VfL Bochum	34	9	14	11	52 : 44	32 : 36
12. VfB Stuttgart	34	13	6	15	55 : 49	32 : 36
13. FC Schalke 04	34	12	8	14	50 : 58	32 : 36
14. SVW Mannheim	34	10	8	16	52 : 71	28 : 40
15. Eintracht Frankfurt	34	8	9	17	42 : 53	25 : 43
16. FC Homburg	34	6	9	19	33 : 79	21 : 47
17. Fortuna Düsseldorf*	34	7	6	21	42 : 91	20 : 48
18. Blau-Weiß 90 Berlin*	34	3	12	19	36 : 76	18 : 50

* Absteiger

Relegationsspiele um den Bundesligaplatz
FC Homburg – FC St. Pauli
3 : 1 und 1 : 2

Torjäger 1986/87
1. U. Rahn 24 Tore
2. F. Walter 23 Tore
3. R. Völler 22 Tore

1986/87	BW 90 Berlin	Bochum	Bremen	Dortmund	Düsseldorf	Frankfurt	Hamburg	FC Homburg	K'lautern	1. FC Köln	Leverkusen	Mannheim	M'gladbach	B. München	Nürnberg	Schalke 04	Stuttgart	Uerdingen
Blau-Weiß 90 Berlin		0:0	1:4	1:1	1:2	2:2	1:3	2:2	1:4	1:1	0:1	4:1	3:2	1:1	1:4	0:0	0:2	1:1
VfL Bochum	5:1		1:1	0:0	2:2	2:0	1:1	0:0	3:1	3:1	2:1	6:1	1:1	1:2	0:1	1:1	0:1	2:1
Werder Bremen	2:0	0:0		5:0	5:2	4:1	2:1	6:0	1:0	2:1	1:0	4:2	1:7	1:1	5:3	0:0	1:0	5:1
Borussia Dortmund	7:0	3:2	2:1		4:1	1:0	4:3	3:0	2:0	1:1	0:0	6:0	0:2	2:2	2:2	1:0	1:2	1:1
Fortuna Düsseldorf	3:1	0:4	2:1	0:4		3:3	3:2	1:0	1:3	0:4	2:3	2:0	1:1	0:3	1:1	3:4	1:0	1:1
Eintracht Frankfurt	1:3	1:1	2:2	0:4	5:0		1:3	4:0	2:2	1:2	1:0	2:1	4:0	0:0	1:0	0:1	3:1	1:0
Hamburger SV	2:1	1:1	3:0	4:2	4:1	2:0		3:1	2:0	1:0	2:1	1:0	3:1	1:2	1:1	4:0	2:0	2:1
FC Homburg	2:1	3:1	0:1	2:2	3:1	1:1	1:1		1:1	1:3	1:2	2:1	0:2	2:2	2:0	1:1	2:1	0:2
1. FC Kaiserslautern	2:0	4:1	1:3	2:3	3:1	2:1	0:4	5:0		5:1	1:1	3:2	1:1	1:1	2:1	5:1	3:0	1:0
1. FC Köln	1:1	1:0	3:0	2:0	1:0	0:0	1:1	3:0	2:2		1:4	2:1	2:4	1:1	3:1	3:2	0:0	1:2
Bayer Leverkusen	2:2	2:1	4:1	3:2	5:0	2:0	0:1	4:2	1:0	0:1		0:0	0:2	0:0	2:0	4:2	4:1	1:4
Waldhof Mannheim	1:1	0:0	1:0	2:1	1:1	2:1	2:2	5:1	4:3	2:0	2:1		1:1	3:3	3:0	2:0	3:2	2:3
Bor. M'Gladbach	2:1	2:1	1:2	2:2	4:1	1:1	0:3	5:0	0:1	3:1	2:1	7:2		0:1	4:0	3:1	4:0	2:0
Bayern München	2:0	3:2	3:2	2:2	3:0	2:1	3:1	3:0	3:0	3:0	0:3	3:0	3:1		4:0	1:0	1:0	2:2
1. FC Nürnberg	7:2	3:3	5:1	1:2	4:3	1:0	3:3	2:2	2:1	1:1	1:1	1:1	2:0	1:2		2:1	2:1	1:1
FC Schalke 04	3:0	0:0	1:0	2:1	4:2	3:1	1:1	4:0	3:2	2:4	1:2	3:1	1:2	2:2	2:4		2:1	2:1
VfB Stuttgart	1:1	2:4	4:0	3:0	3:0	4:1	1:1	4:0	1:1	5:1	1:0	2:1	2:4	1:3	1:1	4:0		2:0
Bayer Uerdingen	2:1	3:1	1:1	2:4	4:1	1:0	1:0	2:1	1:2	3:1	1:1	3:2	1:1	0:0	3:4	0:0	2:2	

Aus der waagerechten Reihe können Sie die Heimresultate, aus der senkrechten Reihe die Auswärtsresultate ablesen.

Damen-Vereinspokal

20. 6. 87, Berlin
TSV Siegen – STV Lövenich 5:2

Damen-Meisterschaft

28. 6. 87, Siegen
TSV Siegen – FSV Frankfurt 2:1

Länderspiele der Deutschen Nationalmannschaft

24. 9. 86, Kopenhagen
Dänemark – BR Deutschland 0:2

15. 10. 86, Hannover
BR Deutschland – Spanien 2:2

29. 10. 86, Wien
Österreich – BR Deutschland 4:1

25. 3. 87, Tel Aviv
Israel – BR Deutschland 0:2

18. 4. 87, Köln
BR Deutschland – Italien 0:0

12. 8. 87, Berlin
BR Deutschland – Frankreich 2:1

9. 9. 87, Düsseldorf
BR Deutschland – England 3:1

23. 9. 87, Hamburg
BR Deutschland – Dänemark 1:0

2.-Bundesliga-Tabelle 1986/87

	Sp.	G.	U.	V.	Tore	Punkte
1. Hannover 96**	38	23	10	5	86:48	56:20
2. Karlsruher SC**	38	22	8	8	79:49	52:24
3. FC St. Pauli	38	19	11	8	63:45	49:27
4. Darmstadt 98	38	20	7	11	72:48	47:29
5. Alemannia Aachen	38	18	10	10	55:36	46:30
6. VfL Osnabrück	38	18	8	12	69:66	44:32
7. Stuttgarter Kickers	38	18	6	14	72:55	42:34
8. SC Freiburg	38	13	13	12	59:56	39:37
9. Arminia Bielefeld	38	12	14	12	58:55	38:38
10. RW Essen	38	14	10	14	70:69	38:38
11. Wattenscheid 09	38	12	14	12	59:66	38:38
12. Union Solingen	38	13	9	16	61:65	35:41
13. SSV Ulm 1846	38	13	9	16	55:63	35:41
14. Fortuna Köln	38	10	15	13	51:66	35:41
15. FC Saarbrücken	38	10	14	14	53:71	34:42
16. RW Oberhausen	38	13	7	18	52:55	33:43
17. Eintr. Braunschweig*	38	11	10	17	52:47	32:44
18. Vikt. Aschaffenburg*	38	5	14	19	47:72	24:52
19. Hessen Kassel*	38	6	10	22	40:75	22:54
20. FSV Salmrohr*	38	4	13	21	48:94	21:55

* Absteiger in die Oberliga
** Aufsteiger in die 1. Bundesliga

Aufsteiger in die 2. Bundesliga:
Offenbacher Kickers
SpVgg Bayreuth
BVL 08 Remscheid
SV Meppen

Meister und Pokalsieger Europas

	Meister	Pokalsieger
Albanien:	Partizan Tirana	Vllaznia Shkodra
Belgien:	RSC Anderlecht	FC Mechelen
Bulgarien:	Sredets Sofia	Sredets Sofia
Bundesrepublik:	Bayern München	Hamburger SV
CSSR:	Sparta Prag	Dunajska Streda
Dänemark:	Aarhus GF	Aarhus GF
DDR:	Dynamo Berlin	Lokomotive Leipzig
England:	FC Everton	Coventry City
Finnland:	Kuusysi Lahti	Palloseura Rovaniemi
Frankreich:	Girondins Bordeaux	Girondins Bordeaux
Griechenland:	Olympiakos Piräus	Iraklion Kreta
Irland:	Shamrock Rovers	Shamrock Rovers
Island:	Fram Reykjavik	IA Akranes
Italien:	SSC Neapel	SSC Neapel
Jugoslawien:	Vardar Skopje*	Hajduk Split
Luxemburg:	Jeunesse Esch	Avenir Beggen
Malta:	Hamrun Spartans	Hamrun Spartans
Niederlande:	PSV Eindhoven	Ajax Amsterdam
Nordirland:	FC Linfield Belfast	Glentoran Belfast
Norwegen:	Lilleström SK	Tromsö IL
Österreich:	Rapid Wien	Rapid Wien
Polen:	Gornik Zabrze	Slask Breslau
Portugal:	Benfica Lissabon	Benfica Lissabon
Rumänien:	Steaua Bukarest	Steaua Bukarest
Schottland:	Glasgow Rangers	FC St. Mirren
Schweden:	Malmö FF	Kalmar FF
Schweiz:	Xamax Neuchatel	Young Boys Bern
Spanien:	Real Madrid	Real Sociedad Sebastian
Türkei:	Galatasaray Istanbul	Genclerbirligi
UdSSR:	Dynamo Kiew	Dynamo Kiew
Ungarn:	MTK Budapest	Dozsa Ujpest Budapest
Wales:	(kein Meister)	Merthyr Tydfil
Zypern:	Omonia Nikosia	AEL Limassol

* Jugoslawischer Meister laut Gerichtsbeschluß Partizan Belgrad, nimmt jedoch nicht am Europapokal teil!

Golf

US Masters

9.–12. 4. 87
Augusta/USA
1. L. Mize/USA
2. G. Norman/AUS
S. Ballesteros/SPA
7. B. Langer/GER

Australien Open

13.–16. 11. 86
Melbourne/AUS
1. R. Davis/AUS
2. B. Shearer/AUS
I. Baker-Finch/AUS
G. Marsh/AUS
7. B. Langer/GER

Ryder Cup

25.–27. 9. 87
Dublin/USA
Europa – USA 15 : 13

Sieger PGA-Serie 1986

G. Norman/AUS

British Open

16.–19. 7. 87
Muirfield/GBR
1. N. Faldo/GBR
2. P. Azinger/USA
R. Davis/AUS
17. B. Langer/GER

German Open

27.–30. 8. 87
Frankfurt
1. M. McNulty/SAF
2. A. Garrido/SPA
3. B. Lane/GBR
D. Durnian/GBR
P. Fowler/AUS
6. O. Eckstein/GER
9. B. Langer/GER

US Open

18.–21. 6. 87
San Francisco/USA
1. S. Simpson/USA
2. T. Watson/USA
3. S. Ballesteros/SPA
4. B. Langer/GER

Zwischenstand PGA-Serie 1987 am 27. 9. 87

1. C. Strange/USA
2. P. Azinger/USA
3. S. Simpson/USA

Turniersiege von Bernhard Langer

16.–19. 10. 86, Saint Nom-la-Breteche/FRA mit S. Ballesteros/SPA Sieger
21.–25. 5. 87, Wentworth/GBR
2.–5. 7. 87, Irish Open in Portmarnock/IRL

Nationale offene Deutsche Golfmeisterschaften

28.–31. 5. 87
Hanau

Damen	*Herren*
1. M. Fischer	1. B. Langer
2. B. Helbig	2. H.-P. Thül
3. D. Chudzinski	A. Postiglione
	K.-H. Gögele

Internationale Deutsche Amateurmeisterschaften

17.–19. 7. 87
Hamburg

Damen	*Herren*
1. S. Lampert/GER	1. N. Sallmann/GER
2. D. Rauch/AUS	2. F. Almskoug/SWE
3. I. Dubs/SUI	3. E. Nistri/ITA

Gewichtheben

		Weltmeisterschaft 6.–13. 9. 1987 Ostrau/CSR	Europameisterschaft 3.–10. 5. 1987 Reims/FRA	Deutsche Meisterschaft 24.–26. 10. 1986 München
Gewichtsklassen (in kg)		**Sieger im Zweikampf**	**Sieger im Zweikampf**	**Sieger im Zweikampf**
Fliegen	(bis 52)	S. Marinow/BUL 262,5 kg	S. Marinow/BUL 260 kg	Z. Gdaniec 177,5 kg
Bantam	(bis 56)	N. Tersiski/BUL 287,5 kg	M. Grablew/BUL 295 kg	A. Schwedek 210 kg
Feder	(bis 60)	S. Topurow/BUL 315 kg	S. Topurow/BUL 310 kg	M. Saia 220 kg
Leicht	(bis 67,5)	M. Petrow/BUL 350 kg	M. Petrow/BUL 347,5 kg	Z. Schön 275 kg
Mittel	(bis 75)	B. Gidikow/BUL 375 kg	A. Warbanow/BUL 370 kg	S. Attilo 300 kg
Leichtschwer	(bis 82,5)	L. Barsi/UNG 390 kg	A. Slatew/BUL 392,5 kg	B. Ischt 327,5 kg
Mittelschwer	(bis 90)	A. Chrapati/SOW 417,5 kg	A. Chrapati/SOW 415 kg	S. Ratschker 345 kg
1. Schwer	(bis 100)	P. Kuznetsow/SOW 422,5 kg	A. Szanyi/UNG 422,5 kg	P. Immesberger 387,5 kg
2. Schwer	(bis 110)	J. Sacharewitsch/SOW 455 kg	J. Sacharewitsch/SOW 440 kg	F. Seipelt 370 kg
Superschwer	(über 110)	A. Kurlowitsch/SOW 472,5 kg 4. M. Nerlinger/GER 450 kg	A. Krastew/BUL 467,5 kg	M. Nerlinger 425 kg

Bundesliga 1986/87 Finale

AC Soest – AC Mutterstadt
861,7 kg : 826,2 kg
in Mutterstadt und
936,6 kg : 849,7 kg in Soest
Gesamt: 1798,3 kg : 1675,9 kg

Hockey

Feldhockey-Weltmeisterschaft

4. – 19. 10. 1986
London/GBR

Herren
1. AUS
2. GBR
3. GER

Feldhockey-Europameisterschaft

20. – 30. 8. 1987
Moskau/SOW

Herren
1. HOL
2. GBR
3. GER

Feldhockey-Europameisterschaft

3. – 13. 9. 1987
London/GBR

Damen
1. HOL
2. GBR
3. SOW

4. GER

Champions Trophy

18. – 28. 6. 1987
Amstelveen/HOL

Herren
1. GER
2. HOL
3. AUS

Europapokal der Landesmeister im Feldhockey

6. – 8. 6. 1987
Den Haag/HOL

Damen
HGC Wassenaar/HOL – Blau-Weiß Köln/GER 1 : 0

6. – 8. 6. 1987
Terrassa/SPA

Herren
HC Bloemendaal/HOL – Atletico Terrassa/SPA
2 : 2 n. V.
4 : 1 im Siebenmeterschießen

Feldhockey-Bundesliga 1986 (Finale)

Damen
Blau-Weiß Köln – RTHC Leverkusen 3 : 1

Herren
HTC Uhlenhorst Mülheim – HTC Stuttgarter Kickers 4 : 3

Hallenhockey-Bundesliga 1986/87 (Finale)

Damen
RTHC Leverkusen– Eintracht Frankfurt 9 : 9 n. V.
12 : 11 im Siebenmeterschießen

Herren
HTC Uhlenhorst Mülheim – Dürkheimer HC 13 : 8

Handball

A-Weltmeisterschaft

4. – 14. 12. 1986
Holland

Damen
1. SOW*
2. CSR*
3. NOR*

4. DDR
7. GER

B-Weltmeisterschaft

17. 2. – 28. 2. 1987
Italien

Herren
1. SOW*
2. CSR*
3. POL

4. GER
6. SUI

* qualifiziert für die Olympischen Spiele 1988 in Seoul

Bundesliga-Tabelle 1986/87

	Sp.	G.	U.	V.	Tore	Punkte
1. TUSEM Essen	26	20	2	4	568 : 466	42 : 10
2. TV Großwallstadt	26	17	5	4	567 : 494	39 : 13
3. VfL Gummersbach	26	15	3	8	492 : 454	33 : 19
4. THW Kiel	26	14	4	8	593 : 542	32 : 20
5. TSV Milbertshofen	26	15	2	9	612 : 585	32 : 20
6. HSG TuRu Düsseldorf	26	12	4	10	533 : 511	28 : 24
7. MTSV Schwabing	26	11	4	11	576 : 573	26 : 26
8. TuS Hofweier	26	11	4	11	563 : 577	26 : 26
9. TBV Lemgo	26	9	5	12	554 : 574	23 : 29
10. OSC Thier Dortmund	26	10	1	15	452 : 485	21 : 31
11. Frisch Auf Göppingen	26	9	3	14	548 : 602	21 : 31
12. SG Weiche-Handewitt*	26	7	4	15	538 : 578	18 : 34
13. TuS Schutterwald*	26	5	4	17	487 : 567	14 : 38
14. VfL Hameln*	26	4	1	21	475 : 550	9 : 43

* Absteiger in die 2. Bundesliga

Europapokal der Landesmeister 1986/87

Damen
Spartak Kiew/SOW – Hypobank Südstadt Wien/AUT
25 : 17 in Kiew und 25 : 20 in Wien

Herren
SKA Minsk/SOW – Wybrzeze Gdansk/POL
32 : 24 in Minsk und 30 : 25 in Gdansk

IHF-Pokal

Damen
Buducnost Titograd/YUG – Start Bratislava/CSR
21 : 23 in Bratislava und 34 : 27 in Titograd

Herren
Granitas Kaunas/SOW – Atletico Madrid/SPA
23 : 23 in Madrid und 18 : 18 in Kaunas

Europapokal der Pokalsieger

Damen
Kuban Krasnodar/SOW – TSC Berlin/DDR
21 : 17 in Berlin und 23 : 23 in Krasnodar

Herren
ZSKA Moskau/SOW – Amicitia Zürich/SUI
16 : 18 in Zürich und 22 : 17 in Moskau

DHB-Pokal 1986/87

Damen
(Sieger nach der Finalrunde)
TSV Bayer 04 Leverkusen

Herren
(Finalspiele)
TV Großwallstadt – TuRu Düsseldorf
21 : 22 in Krefeld und 16 : 15 in Großwallstadt

Bundesliga 1986/87 Damen

1. TSV Bayer 04 Leverkusen
2. TV Lützellinden
3. VfL Engelskirchen

Deutsche A-Jugend-Meisterschaft

SG Leutershausen – OSC Thier Dortmund
27 : 18 in Leutershausen und 26 : 24 in Dortmund

Judo

Damen

Gewichtsklassen (in kg)		Weltmeisterschaft 24.–26.10.1986 Maastricht/HOL	Europameisterschaft 6.–10.5.1987 Paris/FRA	Deutsche Meisterschaft 11./12.–10.1986 München
Superleicht	(bis 48)	1. K. Briggs/GBR	1. K. Briggs/GBR	1. K. Emich
Halbleicht	(bis 52)	1. D. Brun/FRA	1. D. Brun/FRA 2. E. Horvat/AUT	1. A. Horch
Leicht	(bis 56)	1. A. Hughes/GBR	1. K. Arnaud/FRA 3. R. Philips/GER	1. B. Bahr
Halbmittel	(bis 61)	1. D. Bell/GBR	1. B. Olechnowicz/POL 3. G. Ritschel/GER	1. P. Schweizer
Mittel	(bis 66)	1. B. Deydir/FRA 3. A. Schreiber/GER	1. C. Han/HOL 2. K. Krüger/GER	1. M. Bernhard
Halbschwer	(bis 72)	1. I. de Kok/HOL 3. B. Claaßen/GER	1. I. de Kok/HOL	1. U. Ulsperger
Schwer	(über 72)	1. F. Gao/CHN	1. I. Paque/FRA 3. K. Kutz/GER	1. R. Sigmund
Offene Klasse		1. I. Berghmans/BEL 3. K. Kutz/GER	1. I. Berghmans/BEL 2. R. Sigmund/GER	

Herren

Gewichtsklassen (in kg)		Weltcup 18./19.10.1986 Wien/AUT	Europameisterschaft 6.–10.5.1987 Paris/FRA	Deutsche Meisterschaft 11./12.10.1986 München
Superleicht	(bis 60)	1. P. Roux/FRA	1. P. Roux/FRA 3. H. Dietz/GER	1. R. Schöndorfer
Halbleicht	(bis 65)	1. B. Carabetta/FRA	1. J.-P. Hansen/FRA	1. G. Schumacher
Leicht	(bis 71)	1. Jin Hong Kim/KOR	1. W. Blach/POL 3. S. Stranz/GER	1. S. Stranz
Halbmittel	(bis 78)	1. B. Warajew/SOW	1. B. Warajew/SOW 3. P. Reiter/AUT	1. F. Wieneke
Mittel	(bis 86)	1. W. Pesnjak/SOW	1. F. Canu/FRA 3. P. Seisenbacher/AUT	1. M. Bazynski
Halbschwer	(bis 95)	1. R. v. d. Walle/BEL	1. K. Kurtanidse/SOW 3. M. Meiling/GER	1. L. Held
Schwer	(über 95)	1. G. Weritschew/SOW	1. M. Cioc/BEL 2. C. Jehle/SUI 3. A. v. d. Groeben/GER	1. J. Plate
Offene Klasse			1. G. Weritschew/SOW 3. J. Plate/GER	

Mannschafts-Europameisterschaft

4./5.10.1986
Novisad/YUG

1. FRA
2. AUT
3. GER und YUG

Bundesliga 1986/87

Damen – Finale
JC Rüsselsheim – KG Braunschweig 4:0

Herren – Finale
VfL Wolfsburg – TSV Großhadern 2:1

Kunstspringen

Europameisterschaft 16.–23.8.1987 Straßburg/FRA – Damen	Europameisterschaft – Herren	Deutsche Meisterschaft 18./19.7.1987 Frankfurt – Damen	Deutsche Meisterschaft – Herren
Kunstspringen 3-m-Brett			
1. D. Jongejans/HOL 7. D. Pecher/GER	1. A. Killat/GER 2. N. Stajkovic/AUT	1. D. Pecher	1. A. Killat
Turmspringen			
1. E. Miroshina/SOW 7. E. Heinrichs/GER	1. G. Chogowadze/SOW 6. A. Killat/GER 7. W. Meyer/GER	1. D. Pecher	1. A. Killat
Kombination			
		1. D. Pecher	1. A. Killat

Kunstschwimmen

Europameisterschaft

16.–23.8.1987
Straßburg/FRA

Solo

1. M. Hermine/FRA
2. A. Worisch/AUT
3. K. Singer/SUI

5. G. Scheller/GER

Duett

1. M. Hermine/A. Capron FRA
2. E. Boss/K. Singer SUI

5. G. Scheller/H. Friedrich GER

Gruppe

1. FRA
3. SUI

Kanurennsport

Weltmeisterschaft

18. – 23. 8. 1987
Duisburg/GER

Damen

500 m

Kajak-Einer

1. B. Schmidt/DDR
5. J. Idem/GER

Kajak-Zweier

1. B. Schmidt/A. Nothnagel DDR

Kajak-Vierer

1. DDR

Herren

500 m

Kajak-Einer

1. P. Mac Donald/NSE
6. D. Joestel/GER

Kajak-Zweier

1. F. Csipes/L. Fidel UNG

Kajak-Vierer

1. SOW
3. GER (R. Scholl, T. Pfrang, V. Kreutzer, T. Reineck)

1000 m

Kajak-Einer

1. G. Barton/USA

Kajak-Zweier

1. I. Ferguson/P. Mac Donald NSE

Kajak-Vierer

1. UNG

10 000 m

Kajak-Einer

1. G. Barton/USA

Kajak-Zweier

1. P. Boccara/P. Boucherit FRA

Kajak-Vierer

1. NOR
3. GER (G. Schneider, O. Kegel, C. Lömker, T. Reineck)

Deutsche Meisterschaft

2. – 5. 9. 1987
Hamburg

Damen

500 m

Kajak-Einer

1. C. Österheld

Kajak-Zweier

1. C. Österheld/A. Martin

Kajak-Vierer

1. WVC Kassel

6000 m

Kajak-Einer

1. J. Idem

Kajak-Zweier

1. C. Österheld/A. Martin

Herren

500 m

Kajak-Einer

1. O. Seack

Kajak-Zweier

1. D. Jöstel/T. Reineck

Kajak-Vierer

1. RG Berlin (O. Kegel, D. Schmidt, T. Reineck, D. Jöstel)

1000 m

Kajak-Einer

1. O. Seack

Kajak-Zweier

1. D. Hofmann/T. Pfrang

Kajak-Vierer

1. KG Essen (D. Ulaszewski, R. Musmann, C. Lömker, A. Liebenehm)

10 000 m

Kajak-Einer

1. R. Bauer

Kajak-Zweier

1. O. u. M. Seack

Kajak-Vierer

1. WSV Mannheim-Sandhofen (D. Hofmann, U. Schlenker, M. Utecht, T. Pfrang)

Weltmeisterschaft

18. – 23. 8. 1987
Duisburg/GER

Herren

Canadier-Einer

500 m

1. O. Heukrodt/DDR

1000 m

1. O. Heukrodt/DDR

10 000 m

1. I. Sabjan/YUG
6. F. Manthey/GER

Canadier-Zweier

500 m

1. M. Libik/M. Dopierala POL
6. H. u. W. Faust/GER

1000 m

1. J. Gurin/W. Weshko SOW
6. H. u. W. Faust/GER

10 000 m

1. A. Nielsson/C. Frederiksen DAN

Deutsche Meisterschaft

2. – 5. 9. 1987
Hamburg

Herren

Canadier-Einer

500 m

1. F. Tscherniewski

1000 m

1. F. Manthey

10 000 m

1. F. Manthey

Canadier-Zweier

500 m

1. H. u. W. Faust

1000 m

1. H. u. W. Faust

10 000 m

1. H. u. W. Faust

Kanuslalom

Weltmeisterschaft

17. – 19. 7. 1987
Bourg St. Maurice/FRA

Damen

Kajak-Einer

1. E. Sharman/GBR
3. E. Micheler/GER
6. M. Messelhäuser/GER

Mannschaft

1. GER (M. Messelhäuser, U. Steinle, E. Micheler)

Herren

Kajak-Einer

1. A. Prijon/GER

Mannschaft

1. GBR
5. GER

Canadier-Einer

1. J. Lugbill/USA
5. A. Kübler/GER

Mannschaft

1. USA

Canadier-Zweier

1. P. Calori/J. Calori/FRA
5. G. Wolkenaer/ F. Zimmermann/GER

Mannschaft

1. FRA
3. GER

Deutsche Meisterschaft

5./6. 9. 1987
Lippstadt

Damen

Kajak-Einer

1. G. Loose

Mannschaft

1. AKV Augsburg (M. Messelhäuser, A. Miska, A. Aninger)

Herren

Kajak-Einer

1. P. Micheler

Mannschaft

1. UFK Ulm (U. Sommer, M. Glöckle, R. Eisele)

Canadier-Einer

1. A. Kübler

Mannschaft

1. Schwaben Augsburg (T. Finke, W. Sinnhoff, A. Kübler)

Canadier-Zweier

1. T. Loose/F. Hemmer

Mannschaft

1. KC Grevenbroich

Mixed

Canadier-Zweier

1. A. u. K. Asmer

Wildwasser

Weltmeisterschaft

10. – 12. 7. 1987
Bourg St. Maurice/FRA

Damen

Kajak-Einer

1. D. Gardette/FRA
2. K. Wahl/GER
5. D. Volke/GER
6. B. Gödecke/GER

Mannschaft

1. FRA (D. Gardette, N. Beaurain, A. Bringard)
2. GER (K. Wahl, D. Volke, B. Gödecke)
5. AUT

Herren

Kajak-Einer

1. A. Goetschy/FRA
2. R. Kilian/GER
6. D. Druschke/GER

Mannschaft

1. FRA (C. Benezit, A. Goetschy, Y. Masson)
3. GER (D. Druschke, R. Kilian, A. Prijon)
4. SUI
5. AUT

Canadier-Einer

1. G. Zok/FRA
2. J. Winfried/GER
3. E. Libuda/GER
4. R. Klatt/GER

Mannschaft

1. GER (J. Winfried, E. Libuda, R. Klatt)

Canadier-Zweier

1. F. Durand/J. L. Ponchon/FRA
5. A. Wiedenmann/J. Stelzer/GER
6. H. Proquitte/P. Gonschior/GER

Mannschaft

1. GER (A. Wiedenmann/J. Stelzer, H. Proquitte/P. Gonschior, A. Dajek/U. Knittel)

Deutsche Meisterschaft

28. – 30. 5. 1987
Kramsach

Damen

Kajak-Einer

1. K. Wahl

Mannschaft

1. FWF Düsseldorf (S. Bender, D. Volke, K. Wahl)

Herren

Kajak-Einer

1. R. Kilian

Mannschaft

1. KK Rosenheim (D. Lux, K. Hollerieth, M. Dobesch)

Canadier-Einer

1. E. Libuda

Mannschaft

1. FfB Brühl (R. Klatt, T. Schöffel, M. Harzheim)

Canadier-Zweier

1. H. Proquitte/P. Gonschior

Mannschaft

1. TG München (E. Mana/Maier, H. Proquitte/P. Gonschior, A. Wiedenmann/J. Stelzer)

Mixed

Canadier-Zweier

1. J. Sendker/E. Libuda

Hallen-Weltmeisterschaften 6.–8.3.1987 Indianapolis/USA		Hallen-Europameisterschaften 21./22.2.1987 Lievin/FRA	

Damen

60 m

Hallen-WM		Hallen-EM	
N. Cooman-Fiere/HOL	7,08 sec	1. N. Cooman-Fiere/HOL	7,01 sec

200 m

Hallen-WM		Hallen-EM	
1. H. Drechsler/DDR	22,27 sec	1. K. Emmelmann/DDR	23,10 sec

400 m

Hallen-WM		Hallen-EM	
1. S. Busch/DDR	51,66 sec	1. M. Pinigina/SOW	51,27 sec
		2. G. Kinzel/GER	52,29 sec
		4. A. Arendt/GER	52,64 sec

800 m

Hallen-WM		Hallen-EM	
1. C. Wachtel/DDR	2:01,32 min	1. C. Wachtel/DDR	1:59,89 min
		8. U. Lix/GER	2:09,14 min

1500 m

Hallen-WM		Hallen-EM	
1. D. Melinte/RUM	4:05,68 min	1. S. Gasser/SUI	4:08,76 min
6. S. Gasser/SUI	4:09,89 min	6. U. Eckhardt/GER	4:17,19 min

3000 m

Hallen-WM		Hallen-EM	
1. T. Samolenko/SOW	8:46,52 min	1. Y. Murray/GBR	8:46,06 min
		3. B. Kraus/GER	8:53,01 min
		4. V. Michallek/GER	8:55,58 min
		5. C. Mai/GER	8:56,98 min

3000 m Gehen

Hallen-WM		Hallen-EM	
1. O. Krischtop/SOW	12:05,49 min	1. N. Dmitroschenko/SOW	12:57,59 min
		8. B. Kollorz/GER	13:41,02 min

60 m Hürden

Hallen-WM		Hallen-EM	
1. C. Oschkenat/DDR	7,82 sec	1. J. Donkowa/BUL	7,79 sec
4. R. Heggli/SUI	8,11 sec		

Hochsprung

Hallen-WM		Hallen-EM	
1. S. Kostadinowa/BUL	2,05 m	1. S. Kostadinowa/BUL	1,97 m
6. H. Redetzky/GER	1,91 m	5. H. Redetzky/GER	1,91 m

Weitsprung

Hallen-WM		Hallen-EM	
1. H. Drechsler/DDR	7,10 m	1. H. Drechsler/DDR	7,12 m
		7. M. Hirsch/GER	6,43 m

Kugelstoßen

Hallen-WM		Hallen-EM	
1. N. Lissowskaja/SOW	20,52 m	1. N. Achrimenko/SOW	20,84 m
3. C. Losch/GER	20,14 m	4. I. Plotzitzka/GER	18,93 m
8. I. Plotzitzka/GER	17,97 m	5. S. Storp/GER	18,55 m
		8. U. Stäheli/SUI	17,67 m

Herren

60 m

Hallen-WM		Hallen-EM	
1. B. Johnson/CAN	6,41 sec	1. M. Woronin/POL	6,51 sec
7. C. Haas/GER	6,68 sec		

200 m

Hallen-WM		Hallen-EM	
1. K. Baptiste/USA	20,73 sec	1. B. Marie-Rose/FRA	20,36 sec
		5. E. Skamrahl/GER	21,44 sec

400 m

Hallen-WM		Hallen-EM	
1. A. McKay/USA	45,98 sec	1. T. Bennett/GBR	46,81 sec
		5. M. Henrich/GER	47,42 sec

800 m

Hallen-WM		Hallen-EM	
1. J. L. Barbosa/BRA	1:47,49 min	1. R. Druppers/HOL	1:48,13 min
		7. G. Kilbert/SUI	1:59,08 min

1500 m

Hallen-WM		Hallen-EM	
1. M. O'Sullivan/IRL	3:39,04 min	1. H. Kulker/HOL	3:44,79 min
7. D. Baumann/GER	3:41,07 min	3. K.-P. Nabein/GER	3:45,84 min

3000 m

Hallen-WM		Hallen-EM	
1. F. O'Mara/IRL	8:03,32 min	1. J.-L. Gonzales/SPA	7:52,28 min
		2. D. Baumann/GER	7:53,93 min

5000 m Gehen

Hallen-WM		Hallen-EM	
1. M. Schennikow/SOW	18:27,79 min	1. J. Pribilinec/CSR	19:08,44 min

60 m Hürden

Hallen-WM		Hallen-EM	
1. T. Campbell/USA	7,51 sec	1. A. Bryggare/FIN	7,59 sec

Hochsprung

Hallen-WM		Hallen-EM	
1. I. Paklin/SOW	2,38 m	1. P. Sjöberg/SWE	2,38 m
5. R. Dalhäuser/SUI	2,32 m	2. C. Thränhardt/GER	2,36 m
		5. R. Dalhäuser/SUI	2,30 m
		6. A. Schneider/GER	2,27 m

Stabhochsprung

Hallen-WM		Hallen-EM	
1. S. Bubka/SOW	5,85 m	1. T. Vigneron/FRA	5,85 m

Weitsprung

Hallen-WM		Hallen-EM	
1. L. Myricks/USA	8,23 m	1. R. Emmijan/SOW	8,49 m
		3. C. Thomas/GER	8,12 m

Dreisprung

Hallen-WM		Hallen-EM	
1. M. Conley/USA	17,54 m	1. S. Helan/FRA	17,15 m

Kugelstoßen

Hallen-WM		Hallen-EM	
1. U. Timmermann/DDR	22,24 m	1. U. Timmermann/DDR	22,19 m
2. W. Günthör/SUI	21,62 m	2. W. Günthör/SUI	21,53 m
		4. K. Bodenmüller/AUT	20,16 m
		5. K. Stolz/GER	19,64 m
		6. R. Saalfrank/GER	19,41 m

Damen

Disziplin	Weltmeisterschaften 29. 8. – 6. 9. 1987 Rom/ITA	Deutsche Meisterschaften 10. – 12. 7. 1987 Gelsenkirchen
100 m	1. S. Gladisch/DDR 10,90 sec	1. U. Savari 11,29 sec
200 m	1. S. Gladisch/DDR 21,74 sec	1. U. Savari und U. Thimm 22,91 sec
400 m	1. O. Brysgina/SOW 49,38 sec	1. U. Thimm 51,57 sec
800 m	1. S. Wodars/DDR 1 : 55,26 min	1. M. Klinger 2 : 01,51 min
1500 m	1. T. Samolenko/SOW 3 : 58,56 min 5. C. Bürki/SUI 3 : 59,90 min	1. B. Kraus 4 : 10,59 min
3000 m	1. T. Samolenko/SOW 8 : 38,73 min 4. C. Bürki/SUI 8 : 40,31 min	1. B. Kraus 9 : 04,10 min
10 000 m	1. I. Kristiansen/NOR 31 : 05,85 min	1. K. Pressler 32 : 52,43 min
Marathon	1. R. Mota/POR 2 : 25 : 17 Std.	
4 x 100 m	1. USA 41,58 sec (A. Brown, S. Williams, F. Griffith, P. Marshall) 5. GER 43,20 sec (S. Knoll, U. Sarvari, A. Thomas, U. Thimm)	1. VfL Sindelfingen 44,81 sec (B. Wolf, U. Savari, A. Thomas, H.-E. Gaugel)
4 x 400 m	1. DDR 3 : 18,63 min (D. Neubauer, K. Emmelmann, P. Müller, S. Busch) 5. GER 3 : 24,94 min (U. Thimm, H. Arendt, G. Abt, G. Kinzel)	1. SC Eintracht Hamm/Hessen 3 : 32,27 min (S. Knoll, G. Bussmann, H. Arendt, G. Kinzel)
10 km Gehen	1. I. Strachowa/SOW 44 : 12 min	
100 m Hürden	1. G. Sagortschewa/BUL 12,34 sec 7. C. Zaczkiewicz/GER 12,98 sec	1. C. Zaczkiewicz 12,80 sec
400 m Hürden	1. S. Busch/DDR 53,62 sec	1. G. Abt 58,05 sec

Herren

Disziplin	Weltmeisterschaften 29. 8. – 6. 9. 1987 Rom/ITA	Deutsche Meisterschaften 10. – 12. 7. 1987 Gelsenkirchen
100 m	1. B. Johnson/CAN 9,83 sec	1. C. Haas 10,24 sec
200 m	1. C. Smith/USA 20,16 sec	1. C. Haas 20,58 sec
400 m	1. T. Schönlebe/DDR 44,33 sec	1. M. Henrich 46,30 sec
800 m	1. B. Konchellah/KEN 1 : 43,06 min	1. P. Braun 1 : 48,41 min
1500 m	1. A. Bile/SOM 3 : 36,80 min	1. D. Baumann 3 : 38,87 min
5000 m	1. S. Aouita/MAR 13 : 26,44 min 4. P. Deleze/SUI 13 : 28,06 min	1. T. Wessinghage 14 : 09,16 min
10 000 m	1. P. Kipkoech/KEN 27 : 38,63 min	1. H. Steffny 28 : 53,62 min
Marathon	1. D. Wakihuru/KEN 2 : 11,48 Std.	
4 x 100 m	1. USA 37,90 sec (L. McRae, L. McNeill, H. Glance, C. Lewis) 5. GER 38,73 sec (F. Heer, V. Westhagemann, C. Haas, N. Dobeleit)	1. TV Wattenscheid 39,20 sec (W. Bastians, W. Zaske, F. Heer, N. Dobeleit)
4 x 400 m	1. USA 2 : 57,29 min (D. Everett, R. Haley, A. McKay, H. Reynolds) 4. GER 2 : 59,96 min (N. Dobeleit, M. Henrich, E. Itt, H. Schmid)	1. VfL Sindelfingen 3 : 08,05 min (G. Benz, M. Bürkle, T. Bürkle, J. Vaihinger)
20 km Gehen	1. M. Damilano/ITA 1 : 20,45 Std.	1. V. Scholz 1 : 28 : 23 Std.
50 km Gehen	1. H. Gauder/DDR 3 : 40,53 Std.	
110 m Hürden	1. G. Foster/USA 13,21 sec	1. F. Schwarthoff 13,79 sec
400 m Hürden	1. E. Moses/USA 47,46 sec 3. H. Schmid/GER 47,48 sec	1. H. Schmid 49,26 sec
3000 m Hindernis	1. F. Panetta/ITA 8 : 08,57 min	1. P. Ilg 8 : 27,72 min

Weltmeisterschaften / Deutsche Meisterschaften

Weltmeisterschaften: 29. 8. – 6. 9. 1987, Rom/ITA
Deutsche Meisterschaften: 10. – 12. 7. 1987, Gelsenkirchen

Damen

Hochsprung

Weltmeisterschaften		Deutsche Meisterschaften	
1. S. Kostadinowa/BUL	2,09 m	1. H. Redetzky	1,94 m
6. H. Redetzky/GER	1,96 m		

Weitsprung

Weltmeisterschaften		Deutsche Meisterschaften	
1. J. Joyner-Kersee/USA	7,36 m	1. A. Breder	6,56 m

Kugelstoßen

Weltmeisterschaften		Deutsche Meisterschaften	
1. N. Lissowskaja/SOW	21,24 m	1. C. Losch	19,73 m
4. C. Losch/GER	20,73 m		

Diskuswerfen

Weltmeisterschaften		Deutsche Meisterschaften	
1. M. Hellmann/DDR	71,62 m	1. B. Beuge	57,40 m

Speerwerfen

Weltmeisterschaften		Deutsche Meisterschaften	
1. F. Whitbread/GBR	76,64 m	1. I. Thyssen	63,68 m
3. B. Peters/GER	68,62 m		

Siebenkampf

Weltmeisterschaften	Deutsche Meisterschaften
1. J. Joyner-Kersee/USA 7128 Pkt (12,91; 1,90; 16,00; 22,95/ 7,14; 45,68; 2 : 16,29)	12./13. 6. 1987, Ulm 1. C. Heinrich 6030 Pkt (14,05; 1,75; 15,64; 25,11/ 6,08; 42,60; 2 : 23,96)

Herren

Hochsprung

Weltmeisterschaften		Deutsche Meisterschaften	
1. P. Sjöberg/SWE	2,38 m	1. D. Mögenburg	2,31 m
4. D. Mögenburg/GER	2,35 m		
8. C. Thränhardt/GER	2,29 m		

Stabhochsprung

Weltmeisterschaften		Deutsche Meisterschaften	
1. S. Bubka/SOW	5,85 m	1. W. Kozakiewicz	5,50 m

Weitsprung

Weltmeisterschaften		Deutsche Meisterschaften	
1. C. Lewis/USW	8,67 m	1. D. Haaf	7,96 m

Dreisprung

Weltmeisterschaften		Deutsche Meisterschaften	
1. C. Markow/BUL	17,92 m	1. P. Bouschen	16,81 m
7. P. Bouschen/GER	17,26 m		

Kugelstoßen

Weltmeisterschaften		Deutsche Meisterschaften	
1. W. Günthör/SUI	22,23 m	1. K. Stolz	19,96 m
7. K. Bodenmüller/AUT	20,41 m		

Diskuswerfen

Weltmeisterschaften		Deutsche Meisterschaften	
1. J. Schult/DDR	68,74 m	1. A. Hannecker	63,80 m
4. R. Danneberg/GER	65,96 m		

Hammerwerfen

Weltmeisterschaften		Deutsche Meisterschaften	
1. S. Litwinow/SOW	83,06 m	1. J. Schäfer	79,84 m
4. C. Sahner/GER	80,58 m		
6. H. Weis/GER	80,18 m		

Speerwerfen

Weltmeisterschaften		Deutsche Meisterschaften	
1. S. Räty/FIN	83,54 m	1. K. Tafelmeier	86,64 m

Zehnkampf

Weltmeisterschaften	Deutsche Meisterschaften
1. T. Voss/DDR 8680 Pkt (10,69; 7,88; 14,98; 2,10; 47,96/ 14,13; 43,96; 5,10; 58,02; 4 : 25,93) 2. S. Wentz/GER 8461 Pkt	12./13. 6. 1987, Ulm 1. M. Neugebauer 8060 Pkt (10,99; 7,43; 13,79; 2,09; 48,14/ 14,20; 43,54; 4,40; 56,76; 4 : 41,82)

Cross-Weltmeisterschaften

22. 3. 1987
Warschau/POL

Damen
1. A. Sergent/FRA 16 : 46 min
7. C. Bürki/SUI 17 : 08 min

Herren
1. J. Ngugi/Ken 36 : 07 min

Motorradsport

	Weltmeisterschaft 1986 Endstand	Weltmeisterschaft 1987 Zwischenstand am 27. 9. 1987
80 ccm	1. J. Martinez/SPA 3. S. Dörflinger/SUI 5. G. Waibel/GER	1. J. Martinez/SPA* 3. G. Waibel/GER 4. S. Dörflinger/SUI
125 ccm	1. L. Cadalora/ITA 4. A. Auinger/AUT 6. B. Kneubühler/SUI	1. F. Gresini/ITA* 3. A. Auinger/AUT
250 ccm	1. C. Lavado/VEN 4. A. Mang/GER 6. M. Wimmer/GER	1. A. Mang/GER* 2. R. Roth/GER 7. M. Wimmer/GER
500 ccm	1. E. Lawson/USA	1. W. Gardner/AUS*
Seitenwagen	1. E. Streuer/B. Schnieders/HOL 4. M. Egloff/U. Egloff/SUI 5. A. Zurbrügg/M. Zurbrügg/SUI	1. S. Webster/T. Hewitt/GBR* 3. R. Biland/K. Waltisperg/SUI 5. A. Zurbrügg/S. Birchall SUI/GBR

* WM-Endstand 1987 bereits als Weltmeister feststehend

Enduro-Europameister 1987

bis 125 ccm

D. Trolli/ITA

bis 250 ccm

D. Wicksell/SWE

bis 350 ccm

J. Sauer/GER

bis 500 ccm

S. Jönnson/SWE

über 500 ccm

G. Croci/ITA

Eisspeedway-Weltmeisterschaft

Finale

14./15. 3. 1987
Berlin

1. J. Iwanow/SOW

5. H. Weber/GER

Moderner Fünfkampf

Weltmeisterschaft

4. – 8. 8. 1987
Bensheim/GER

Damen

Einzelwertung
1. I. Kisselewa/SOW
3. S. Krapf/GER

6. T. Meyer/GER

Mannschaftswertung
1. SOW (I. Kisselewa, J. Gorlenko, I. Choukhawtsowa)
2. GER (S. Krapf, T. Meyer, K. Kröning)

12. – 16. 8. 1987
Moulins/FRA

Herren

Einzelwertung
1. J. Bouzou/FRA

Mannschaftswertung
1. UNG (L. Fabian, A. Miszer, G. Martinek)

Internationale Deutsche Meisterschaft

23. – 27. 6. 1987
Filderstadt

Damen
1. S. Krapf

17. – 20. 6. 1987
München

Herren
1. A. Miszer/UNG
3. und Deutscher Meister M. Scharf

Pferdesport

Dressur

Europameisterschaften

8. – 12. 7. 1987
Goodwood/GBR

Einzelwertung
1. M. Otto-Crepin FRA/Corlandus
2. A.-K. Linsenhoff GER/Courage
3. C. Stückelberger SUI/Gaugin de Lully

4. J. Hinnemann GER/Ideal
5. O. Hofer SUI/Limandus
6. G. Capellmann GER/Ampere

Mannschaftswertung
1. GER (H. Krug/Floriano, A.-K. Linsenhoff/Courage, J. Hinnemann/Ideal, G. Capellmann/Ampere)
2. SUI (D. Ramseier/Orlando, U. Lehmann/Xanthos, O. Hofer/Limandus, C. Stückelberger/Gaugin de Lully)

Military

Europameisterschaft

2. – 6. 9. 1987
Luhmühlen/GER

Einzelwertung
1. V. Leng GBR/Night Cap
3. C. Erhorn GER/Justyn Thyme

5. R. Ehrenbrink GER/Uncle Todd

Mannschaftswertung
1. GBR (V. Leng/Night Cap, I. Stark/Sir Wattie, R. Hunt/Aloaf)
2. GER (C. Erhorn/Justyn Thyme, R. Ehrenbrink/Uncle Todd, W. Mengers/Half Moon Bay)

Deutsche Meisterschaft

3. – 5. 7. 1987
Lage-Siekkrug
1. D. Hesselbach mit Ryan's Cross

Springreiten

Weltcup

8. – 12. 4. 1987
Paris/FRA

1. K. Burdsall USA/The Natural

4. P. Schockemöhle GER/Deister

Europameisterschaft

26. – 30. 8. 1987
St. Gallen/SUI

Einzelwertung
1. P. Durand FRA/Jappeloup de Luce

4. T. Frühmann AUT/Porter

Mannschaftswertung
1. GBR (N. Skelton/Apollo, M. Whitaker/Amanda, M. Pyrah/Towerlands Anglezarke, J. Whitaker/Milton)
3. SUI (P. Guerdat/Lanciano, M. Fuchs/Shandor, W. Gabathuler/The Swan, W. Melliger/Corso)

5. GER (P. Schockemöhle/Deister, F. Sloothaak/Alwin's Ass, L. Beerbaum/Wiener Domspatz, G. Wiltfang/Cedra)
6. AUT (T. Frühmann/Porter, H. Simon/Winzer, B. Boor/Monaco, J. Domaingo/Kingsize)

Trab

Europameisterschaft der Trabrennfahrer

9. 4. 1987
Gelsenkirchen/GER

1. J. Frick/SWE
2. H. Wewering/GER

Traber des Jahres 1986

Every Way, Gestüt Lucky Kotten

Galopp

Deutsches Derby

5. 7. 1987
Hamburg

1. Lebos (L. Mäder)

Preis von Europa

27. 9. 1987
Köln

1. Kamiros (P. Alafi)

Kentucky-Derby

2. 5. 1987
Louisville/USA

1. Alysheba (C. McCarron)

Prix de l'Arc de Triomphe

5. 10. 1986
Paris/FRA

1. Dancing Brave (P. Eddery)

Galopper des Jahres 1986

Acatenango, Gestüt Fährhof

Rennrodeln

Weltmeisterschaft

23. – 25. 1. 1987
Igls/AUT

Damen Einsitzer

1. C. Schmidt/DDR

Herren Einsitzer

1. M. Prock/AUT

6. O. Mayregger/AUT

Herren Doppelsitzer

1. J. Hoffmann/J. Pietzsch/DDR
2. S. Ilsanker/G. Hackl/GER
3. T. Schwab/W. Staudinger/GER

Weltcup 1986/87

Damen Einsitzer

1. C. Schmidt/DDR

Herren Einsitzer

1. N. Huber/ITA
3. M. Prock/AUT

Herren Doppelsitzer

1. T. Schwab/W. Staudinger/GER
2. S. Ilsanker/G. Hackl/GER

Ringen

Gewichtsklassen (bis kg)	Weltmeisterschaft Freistil 26. – 29. 8 87 Clermont-Ferrand/FRA	Weltmeisterschaft Griechisch-Römischer Stil 19. – 22. 8. 1987 Clermont-Ferrand/FRA	Europameisterschaft Freistil 1. – 3. 5. 1987 Veliko-Tarnovo/BUL	Europameisterschaft Griechisch-Römischer Stil 8. – 10. 5. 1987 Tampere/FIN	Deutsche Meisterschaft Freistil 13./14. 3. 1987 Friedrichshafen	Deutsche Meisterschaft Griechisch-Römischer Stil 20./21. 3. 1987 Graben-Neudorf
Papier (48)	1. Li Jaesik/KOR 4. R. Heugabel/GER	1. M. Allachwerdiew/SOW	1. M. Awramov/BUL 4. R. Heugabel/GER	1. V. Maenza/ITA 4. M. Scherer/GER	1. R. Heugabel	1. B. Scherer
Fliegen (52)	1. V. Jordanow/BUL	1. P. Roque/CUB	1. V. Jordanow/BUL	1. S. Kalashnikow/SOW	1. H. Tutsch	1. M. Scherer
Bantam (57)	1. S. Beloglasow/SOW	1. P. Mourier/FRA 2. R. Yildiz/GER	1. S. Beloglasow/SOW	1. K. Pehkonen/FIN	1. R. Monschau	1. P. Behl
Feder (62)	1. J. Smith/USA	1. J. Vanguelow/BUL	1. H. Isajew/SOW	1. J. Vanguelow/BUL 4. T. Haertle/GER 5. H. Dietsche/SUI	1. R. Lyding	1. P. Süß
Leicht (68)	1. A. Fadsajew/SOW	1. A. Abajew/SOW	1. A. Fadsajew/SOW	1. A. Abajew/SOW 5. C. Passarelli/GER	1. G. Schwabenland	1. K. Müller
Welter (74)	1. A. Warajew/SOW	1. J. Salomaki/FIN	1. A. Warajew/SOW	1. D. Turlihanow/SOW	1. K. Laier	1. U. Ruggaber
Mittel (82)	1. M. Schultz/USA 5. R. Trik/GER	1. T. Komaromi/UNG 2. R. Gössner/GER	1. A. Nanew/BUL	1. S. Nasewitsch/SOW 5. R. Gössner/GER	1. R. Trik	1. R. Gössner
Halbschwer (90)	1. M. Hadartsew/SOW	1. W. Popow/SOW	1. M. Hadartsew/SOW 5. B. Lukowski/GER	1. W. Popow/SOW	1. J. Gorski	1. A. Steinbach
Schwer (100)	1. L. Habelow/SOW	1. G. Gudekauri/SOW	1. L. Habelow/SOW	1. I. Wasilew/BUL	1. A. Cichon	1. R.-P. Cwik
Superschwer (130)	1. A. Hadartsew/SOW	1. I. Rostorotski/SOW	1. Z. Tourmanidze/SOW	1. I. Rostorotski/SOW	1. W. Gentzen	1. H.-G. Klein

Bundesliga 1986/87 (Finale)

AC Bavaria Goldbach –
VfK Schifferstadt
24 : 15,5 Pkt. in Elsenfeld und
16 : 22 Pkt. in Schifferstadt
Gesamt: 40 : 37,5 Pkt.

Rugby

Weltmeisterschaft

24. 5. – 21. 6. 1987
NSE und AUS
1. NSE
2. FRA
3. Wales

B-Europameisterschaft 1986/87

1. SPA

4. GER (Absteiger in die C-Gruppe)

Deutsche Meisterschaft

21. 6. 1987
Hannover
Victoria Hannover-Linden –
Hannover 78   24 : 0

Bahnrennsport Amateure

Weltmeisterschaft	Deutsche Meisterschaft
25. – 30. 8. 1987, Wien/AUT	16. – 19. 7. 1987, Berlin
Damen	
Sprint	
1. E. Salumaee/SOW	1. G. Dorausch
2000 m Einerverfolgung	
–	1. C. Egerer
3000 m Einerverfolgung	
1. R. Twigg-Whitehead/USA	1. G. Altweck
Herren	
1000 m Zeitfahren	
1. M. Vinnicombe/AUS 7. R. Lechner/GER	1. M. Kötter
Sprint	
1. L. Heßlich/DDR	1. F. Weber
4000 m Einerverfolgung	
1. G. Umaras/SOW 8. R. Günther/GER	1. R. Alber
4000 m Mannschaftsverfolgung	
1. SOW 4. GER	1. RG Württemberg (R. Alber, V. Kirn, J. Meinecke, U. Messerschmidt)
Tandem	
1. F. Colas/F. Magne/FRA	1. F. Weber/J. Greil
Punktefahren	
1. M. Ganejew/SOW 2. U. Messerschmidt/GER	14. 8. 1987, Stuttgart 1. U. Messerschmidt
Steher	
1. M. Gentili/Corradin/ITA 3. R. Königshofer/Igl/AUT 4. A. Bellati/U. Luginbühl/SUI 5. R. Renn/C. Dippel/GER	1./2. 8. 1987, Berlin: 1. R. Renn hinter D. Durst

Deutsche Meisterschaft Zweiermannschaftsfahren

13./14. 6. 1987, Büttgen
1. U. Messerschmidt/M. Donike

Deutsche Meisterschaft Derny

20./21. 9. 1986, Nürnberg
1. R. Renn hinter D. Durst

Berufsfahrer Weltmeisterschaft

25. – 30. 8. 1987, Wien/AUT

Sprint
1. N. Tawara/JAP

5000 m Einerverfolgung
1. H.-H. Oersted/DAN

Punktefahren
1. U. Freuler/SUI
4. D. Wyder/SUI
5. V. Diehl/GER

Steher
1. M. Hürzeler/U. Luginbühl/SUI
3. W. Betz/C. Dippel/GER

Keirin
1. H. Honda/JAP
4. D. Giebken/GER
6. U. Freuler/SUI

Straßenrennsport Amateure

Damen

Weltmeisterschaft

1. – 6. 9. 1987
Villach/AUT

Einerstraßenfahren
1. J. Longo/FRA

50 km Mannschaftszeitfahren
1. SOW

Tour de France Feminin

8. – 26. 7. 1987
FRA

1. J. Longo/FRA
3. U. Enzenauer/GER

Deutsche Meisterschaft Einerstraßenfahren

5. 7. 1987
Hamburg
1. U. Enzenauer

Herren

Weltmeisterschaft

1. – 6. 9. 1987
Villach/AUT

Einerstraßenfahren
1. R. Vivien/FRA
2. H. Bölts/GER

100 km Mannschaftszeitfahren
1. ITA
3. AUT
5. GER

Deutsche Meisterschaft

Einerstraßenfahren
28. 6. 1987
Herford
1. H. Bölts

50 km Einzelzeitfahren
4. 7. 1987
Passau
1. R. Stumpf

Vierermannschaftsfahren
26. 7. 1987
München
1. BRC Opel Schüler Berlin
F. Plambeck, J. Müller, J. Hillenbrand, P. Becker

Berufsfahrer

Weltmeisterschaft
(Einerstraßenfahren)

6. 9. 1987
Villach/AUT
1. S. Roche/IRL
4. R. Gölz/GER

Deutsche Meisterschaft
im Rahmen der Drei-Nationen-Meisterschaft

28. 6. 1987
Frankfurt
1. und Schweizer Meister J. Müller
10. und Deutscher Meister P. Hilse

Tour de France

1. – 26. 7. 1987
1. S. Roche/IRL

Giro d' Italia

21. 5. – 13. 6. 1987
1. S. Roche/IRL

Spanien-Rundfahrt

23. 4. – 15. 5. 1987
1. L. Herrera/COL
2. R. Dietzen/GER

Querfeldein

Weltmeisterschaft

24./25.1.1987
Mlada-Boleslav/CSR

Amateure
1. M. Kluge/GER

5. C. Redomski/GER
8. H. Büchi/SUI
9. U. Müller/SUI

Berufsfahrer
1. K.-P. Thaler/GER

5. V. Krukenbaum/GER
8. A. Zweifel/SUI

Deutsche Meisterschaft

4.1.1987
Berlin

1. M. Kluge

1. K.-P. Thaler

Radball

Weltmeisterschaft

24. – 26. 10. 1986
Genk/BEL
1. CSR (J. und J. Pospisil)
2. GER (J. und W. King)
3. SUI (P. Kern/M. Zinser)

Bundesliga 1986

1. RV Blitz Lauterbach
   J. und W. King
2. RSV Tempo Lieme
   T. und A. Steinmeier

Kunstradfahren

Weltmeisterschaften

23. – 26. 10. 1986
Genk/BEL

Einerkunstradfahren

Damen	Herren
1. H. Marklein/GER	1. D. Maute/GER
2. D. Hajkova/CSR	2. D. Ingelfinger/GER
3. J. Pospisilova/CSR	3. R. Fleisch/AUT

Zweierkunstradfahren

Damen	Herren
1. M. Kramp/ S. Teuber/GER	1. M. Dreher/ A. Jurisch/GER
2. B. Franz/ S. Franz/AUT	2. M. Schlecht/ M. Böpple/GER
3. M. Martens/ K. Obrecht/SUI	3. G. Fleisch/ A. Fleisch/AUT

Rudersport

Deutsche Meisterschaft

27./28. 6. 1987
München

Damen

Einer
1. U. Kutz

Doppelzweier
1. I. Gronwald, M. Kubicki

Zweier o. Steuerfrau
1. B. Kämpf, C. Keller

Doppelvierer
1. A. Klapheck, K. Molkentin, B. Brütte, K. Bartz

Vierer m. Steuerfrau
1. I. Althoff, A. Schäfer, K. Rehders, E. Markwort, Stf. K. Peters

Herren

Einer
1. P.-M. Kolbe

Doppelzweier
1. A. Schmelz, R. Thienel

Zweier o. Steuermann
1. R. Bahr, F. Richter

Zweier m. Steuermann
1. H. Greß, D. Göpfert, Stm. T. Müller

Doppelvierer
1. A. Reinke, F. Tonscheidt, M. Lipok, C. Galandi

Vierer o. Steuermann
1. G. Grabow, V. Grabow, J. Puttlitz, G. Bauer

Vierer m. Steuermann
1. M. Mauerwerk, W. Klappheck, M. Mellinghaus, D. Balster, Stm. M. Ruppel

Achter
1. W. Männig, S. Scholz, B. Rabe, T. Domian, V. Zimmermann, A. Eichholz, E. Schultz, V. Kioschis, Stm. M. Klein

Weltmeisterschaften

23. – 30. 8. 1987
Kopenhagen/DAN

Damen

Einer
1. M. Georgiewa/BUL

Doppelzweier
1. BUL

Zweier o. Steuerfrau
1. RUM

6. GER (B. Kämpf C. Keller)

Doppelvierer
1. DDR

Vierer m. Steuerfrau
1. RUM

Achter
1. RUM

5. GER

Herren

Einer
1. T. Lange/DDR
2. P.-M. Kolbe/GER

Doppelzweier
1. BUL
2. GER (A. Schmelz, R. Thienel)

Zweier o. Steuermann
1. GBR

5. AUT (K. Sinzinger, H. Bauer)

Zweier m. Steuermann
1. ITA

Doppelvierer
1. SOW

Vierer o. Steuermann
1. DDR

Vierer m. Steuermann
1. DDR

Achter
1. USA

6. GER

Rhythmische Sportgymnastik

Europameisterschaft

18. – 21. 9. 1986
Florenz/ITA

Vierkampf
1. B. Panowa/BUL
L. Ignatowa/BUL
7. R. Weber/GER

Band
1. G. Beloglasowa/SOW
7. R. Weber/GER

Seil
1. B. Panowa/BUL
L. Ignatowa/BUL
6. R. Weber/GER

Ball
1. G. Beloglasowa/SOW
T. Druschinina/SOW
A. Dunawska/BUL

Keule
1. B. Panowa/BUL
L. Ignatowa/BUL
7. R. Weber/GER

Mannschaft
1. BUL

Deutsche Meisterschaft

5. 6. 1987
Berlin

Vierkampf
1. M. Rothaar

Band
1. M. Rothaar

Seil
1. M. Rothaar

Ball
1. M. Rothaar

Keule
1. D. Schmiemann

Mannschaft
1. Kieler TB

Squash

Weltmeisterschaft

7. – 11. 11. 1986, Toulouse/FRA: 1. R. Norman/NSE

Mannschaftseuropameisterschaft

19. – 22. 3. 1987
Wien/AUT

Damen	*Herren*
1. England 3. GER	1. England 4. GER

Deutsche Meisterschaft

14. – 17. 5. 1987
Hamburg

Damen	*Herren*
1. A. Holbe	1. C. Martini

Schießsport

Europameisterschaften

22. 7. – 2. 8. 1987
Lahti/FIN

Gewehrschießen

		Einzel	*Mannschaft*
Damen	**Standardgewehr**	1. V. Letcheva/BUL 6. C. Giese/GER	1. BUL 6. GER
	English Match (60 Schuß liegend)	1. D. Osolika/SOW 2. S. Sonnet/GER	1. BUL 5. GER
Herren	**Großkaliber Freie Waffe 300 m (3 x 40 Schuß)**	1. M. Cooper/GBR	1. FIN 3. SUI 6. GER
	Stehend	1. H. Stenvaag/NOR 6. M. Heine/GER	1. SOW 6. GER
	Kniend	1. R. Westerlund/FIN	1. SWE 3. SUI
	Großkaliber Standard 300 m	1. M. Cooper/GBR 5. R. Krenn/GER 6. P.-A. Dufaux/SUI	1. SOW 2. SUI
	Großkaliber 300 m (60 Schuß liegend)	1. M. Cooper/GBR	1. SWE 6. GER
	English Match (60 Schuß liegend)	1. W. Lwow/SOW	1. SOW 3. GER
	Kleinkaliber (120 Schuß)	1. A. Zahonyi/UNG 6. B. Rücker/GER	1. SOW 3. GER
	Kniend (40 Schuß)	1. B. Rücker/GER	1. BUL 2. GER
	Stehend (40 Schuß)	1. M. Bakes/CSR 2. J. Billharz/GER	1. SOW 3. GER

Pistolenschießen

Damen	**Sportpistole**	1. I. Kocherowa/SOW	1. UNG
Herren	**Freie Pistole**	1. D. Palazzani/ITA	1. SOW 6. GER
	Olympische Schnellfeuer-Pistole	1. R. Schumann/DDR	1. SOW
	Großkaliber	1. S. Mäkinen/FIN	1. FIN 3. SUI
	Standardpistole	1. I. Basinski/SOW	1. FIN 4. SUI

Laufende Scheibe

Herren	**Laufende Scheibe Mix**	1. L. Racansky/CSR	1. CSR
	Laufende Scheibe	1. N. Lapin/SOW	1. SOW 4. GER

Europameisterschaften 22. 7. – 2. 8. 1987, Lahti/FIN

Wurftaubenschießen

		Einzel	Mannschaft
Damen	**Trab**	1. R. Pelosi/ITA 6. S. Hüsing/GER	1. ITA
	Skeet	1. S. Demina/SOW 6. M. Rink/GER	1. SOW 2. GER
Herren	**Trab**	1. J. Damme/DDR	1. ITA
	Skeet	1. A. Tscherkasow/SOW	1. SOW

Europameisterschaft Luftdruckwaffen 27. 2. – 1. 3. 1987, Bratislava/CSR

Damen	**Luftpistole**	1. L. Cvetkowa/SOW	1. SOW
	Luftgewehr	1. V. Letcheva/BUL 2. C. Giese/GER 3. I. Dufaux/SUI 4. H. Götte/GER	1. GER
Herren	**Luftpistole**	1. I. Basinski/SOW	1. SOW
	Luftgewehr	1. N. Berthelot/FRA	1. SOW
	Laufende Scheibe 10 m	1. A. Doleschall/UNG	1. SOW

Deutsche Meisterschaft 18. – 23. 8. 1987, München

Gewehrschießen

		Einzel	Mannschaft
Damen	**Standardgewehr**	1. S. Sperber	1. BSV Holzwickede
	Kleinkaliber (liegend)	1. S. Krüger	1. BSV Holzwickede
Herren	**Großkaliber Standard**	1. U. Lind	1. SG Ödernhardt
	Kleinkaliber (120 Schuß)	1. J. Billharz	1. Braunschweiger SG
	Kniend	1. O. Schlipf	–
	Stehend	1. J. Billharz	–
	Kleinkaliber (60 Schuß liegend)	1. B. Rücker	1. SG Heilbronn
	Kleinkaliber 100 m	1. U. Lind	1. SG Ödernhardt

Pistolenschießen

Damen	**Sportpistole**	1. L. Breker	1. KKS Daaden
Herren	**Freie Pistole**	1. J. Siemers	1. SV Hegelsberg-Vellmar
	Olympische Schnell-feuer-Pistole	1. G. Ziegler	1. SV Heidelberg
	Großkaliber	1. G. Ziegler	1. NSG Stuttgart
	Standardpistole	1. H. Klinger	–
	Sportpistole	1. P. Greger	1. SG Ludwigsburg

Laufende Scheibe

Herren	**Laufende Scheibe Mix**	1. C. Stützinger	1. SG Kronach
	Laufende Scheibe 10 m	1. P. Meserth	1. SG Kronach
	Laufende Scheibe 50 m	1. P. Meserth	1. SG Kronach

Wurftaubenschießen

Damen	**Trab**	1. S. Hüsing	–
	Skeet	1. C. v. Kanetz	–
Herren	**Trab**	1. G. Meinicke	1. JWC Osterholz
	Skeet	1. H. Seeberger	1. JWC Osterholz

Luftduckwaffen

Damen	**Luftpistole**	1. M. Stein	1. SGW Schierling
	Luftgewehr	1. S. Sperber	1. SSG Fürth
Herren	**Luftpistole**	1. A. Messer-schmitt	1. SV Hegelsberg-Vellmar
	Luftgewehr	1. B. Süß	1. SSV Kronau

Armbrustschießen

Weltmeisterschaft

15. – 18. 7. 1987
Rohrbach/AUT

Damen	*Herren*
10 m	
1. E.-A. Alves/USA 2. G. Bühlmann/SUI 5. M. Kani/GER 6. V. Davet/SUI	1. P.-A. Dufaux/SUI 2. D. Nipkow/SUI 3. H. Riederer/GER 4. P. Scherz/GER 6. W. Hillenbrand/GER
30 m	
	1. D. Nipkow/SUI 4. K. Jäggi/SUI 6. R. Krenn/GER
10 m Mannschaft	
1. FRA 2. SUI 3. GER 5. AUT	1. GER 2. SUI 4. AUT
30 m Mannschaft	
	1. GER 2. SUI 4. AUT

Deutsche Meisterschaft

18. – 23. 8. 1987
München

Damen	*Herren*
10 m	
1. M. Kani	1. J. Wallowsky
30 m	
	1. R. Krenn
10 m Mannschaft	
	1. Bund München
30 m Mannschaft	
	1. SG Altenkirchen

(Olympische Bootsklassen)

	Weltmeisterschaft	**Kiel Worlds** 28. 6. – 4. 7. 1987 **Europameisterschaft**	**Kieler Woche** 20. – 27. 6. 1987
470er *Damen*	*Kiel Worlds* 1. S. Meyer/ K. Adlkofer/GER	*Lysekil/SWE* 1. B. u. A. Lemström/FIN	1. F. Galloway/ J. Schaerer/NSE 6. N. Ambrasas/ K. Lehmann/GER
470er *Herren*	*Kiel Worlds* 1. B. Höft/F. Bier/DDR 6. J. Wicki/A. Frey/SUI	*Lysekil/SWE* 1. P. u. J. Koskull/FIN	1. W. und J. Hunger/GER 2. L. Hüttermann/ N. Körte/GER
Finn-Dinghy	*Kiel Worlds* 1. J.-L. Doreste/SPA 4. R. Kadenbach/GER 6. O. Müller v. Blumencron/GER	6.–12. 8. 1987 *Rungsted/DAN* 1. S. Childerley/GBR	1. O. Khoperski/SOW 3. O. Müller v. Blumencron/GER
Flying Dutchman	*Kiel Worlds* 1. L. Doreste/A. Serra/SPA 3. M. und F. Wieser/GER	*Horten/NOR* 11. – 16. 6. 1987 1. T. und V. Berger/FRA 4. A. Batzill/P. Lang/GER 5. A. Etten/A. Gerlach/GER 6. P. Markus/F. Wieser/GER	1. S. Borodinow/ O. Surin/SOW
Soling	*Kiel Worlds* 1. H. Nauck/DDR 6. J. Diesch/GER	31. 8. – 5. 9. 1987 *Karlshamm/SWE* 1. G. Shaidukow/SOW	1. J. Schümann/DDR
Starboot	19. – 29. 8. 1987 *Chicago/USA* 1. E. Adams/ T. Olsen/USA 2. A. Hagen/ F. Girr/GER	*Kiel Worlds* offene EM 1. V. Brun H. Schreiner/USA 3. H. Raudaschl/ S. Buxkandl/AUT 6. J. Hellmich/ D. Schwärtzel/GER	1. E. Adams/T. Olsen/USA 2. A. Griese/ M. Marcour/GER 3. H. Vogt/ U. Seeberger/GER 4. H. Raudaschl/ S. Buxkandl/AUT 6. U. v. Below/ F. Wehofsich/GER
Tornado	*Kiel Worlds* 1. A. und R. Hagara/AUT 5. N. Petschel/ C. Claus/AUT	*Abersoch/GBR* 7. – 13. 6. 1987 1. N. Petschel/ C. Claus/AUT 2. S. Lange/M. Starken/GER	1. C. Cairns/J. Forbes/AUS 5. N. Petschel/ C. Claus/AUT
Windsurfer Division II *Damen*	*Kingston/CAN* 1. J. Horgen/NOR	*Kiel Worlds* 1. J. Horgen/NOR	1. H. Burger/YUG
Herren leicht	1. M. Quintin/FRA		1. T. Müller/GER
Herren schwer	1. G. Kendler/AUT	*Kiel Worlds* 1. C. Muzellec/FRA 3. G. Kendler/AUT	1. P. Wirz/ITA 3. C. Meyer/GER

America's Cup

31. 1. – 4. 2. 1987
Fremantle/AUS
„Stars and Stripes“
(Skipper D. Conner/USA) –
„Kookaburra III“
(Skipper I. Murray/AUS)
4 : 0 Siege

Admirals Cup

30. 7. – 12. 8. 1987
GBR
Einzelwertung
1. Propaganda NSE

Teamwertung
1. NSE

5. GER

Funboard-Weltcup-Finale der Profisurfer

18./19. 10. 1986
Zandvoort/HOL

Damen 1. N. Lelievre/FRA
Herren 1. R. Naish/USA

Ski alpin

Weltmeisterschaft 25. 1. – 8. 2. 1987 Crans-Montana/SUI		Weltcup Endstand 1987	Int. Deutsche Meisterschaft 16. – 21. 2. 1987 Pfronten und Schwangau
Damen	*Herren*		
Slalom 1. E. Hess/SUI 2. R. Steiner/AUT 3. M. Svet/YUG 4. K. Buder/AUT	1. F. Wörndl/GER 2. G. Mader/AUT 3. A. Bittner/GER	**Slalom** *Damen* 1. C. Schmidhauser/SUI *Herren* 1. B. Krizaj/YUG	**Slalom** *Damen* 1. C. Gütlein-Kinshofer/HOL 3. A. Drexl *Herren* 1. P. Frommelt/LIE 2. A. Bittner
Riesenslalom 1. V. Schneider/SUI 2. M. Svet/YUG 3. M. Walliser/SUI 4. M. Figini/SUI 6. M. Kiehl/GER	1. P. Zurbriggen/SUI 2. M. Girardelli/LUX 3. A. Tomba/ITA 4. H. Strolz/AUT 5. H. Stuffer/GER 6. M. Eder/GER	**Riesenslalom** *Damen* 1. V. Schneider/SUI *Herren* 1. P. Zurbriggen/SUI	**Riesenslalom** *Damen* 1. M. Gerg *Herren* 1. M. Wasmeier
Super G 1. M. Walliser/SUI 2. M. Figini/SUI 3. M. Svet/YUG 4. V. Schneider/SUI 5. S. Eder/AUT	1. P. Zurbriggen/SUI 2. M. Girardelli/LUX 3. M. Wasmeier/GER 4. L. Stock/AUT 5. H. Strolz/AUT	**Super G** *Damen* 1. M. Walliser/SUI *Herren* 1. P. Zurbriggen/SUI	**Super G** *Damen* 1. M. Kiehl *Herren* 1. M. Wasmeier
Abfahrtslauf 1. M. Walliser/SUI 2. M. Figini/SUI 3. R. Mösenlechner/GER 4. M. Kiehl/GER 6. S. Eder/AUT	1. P. Müller/SUI 2. P. Zurbriggen/SUI 3. K. Alpiger/SUI 4. F. Heinzer/SUI 6. D. Mahrer/SUI	**Abfahrtslauf** *Damen* 1. M. Figini/SUI *Herren* 1. P. Zurbriggen/SUI	**Abfahrtslauf** *Damen* 1. M. Kiehl *Herren* 1. M. Wasmeier
Kombination 1. E. Hess/SUI 2. S. Eder/AUT 3. T. McKinney/USA 4. V. Schneider/SUI 5. A. Wachter/AUT 6. M. Figini/SUI	1. M. Girardelli/LUX 2. P. Zurbriggen/SUI 3. G. Mader/AUT 4. B. Gstrein/AUT 5. M. Wasmeier/GER 6. J. Schick/GER	**Weltcup Gesamtsieger 1987** *Damen* 1. M. Walliser/SUI *Herren* 1. P. Zurbriggen/SUI	

Skiakrobatik

Weltcupsieger 1986/87

Damen

Ballett

C. Rossi/FRA

Springen

S. Reichart/GER

Buckelpiste

R. Monod/FRA

Kombination

C. Kissling/SUI

Herren

Ballett

H. Reitberger/GER

Springen

J.-M. Rozon/CAN

Buckelpiste

M. Kellokumpu/FIN

Kombination

E. Laboureix/FRA

Weltmeisterschaft

11. – 21. 2. 1987
Oberstdorf/GER

Langlauf

Damen	Herren
5 km (klassisch)	**15 km (klassisch)**
1. M. Matikainen/FIN 2. A. Reztsowa/SOW 3. E. Kratzer/SUI	1. M. Albarello/ITA 2. T. Wassberg/SWE 3. M. Dewiatiarow/SOW
10 km (klassisch)	**30 km (klassisch)**
1. A. Jahren/NOR 2. M. Matikainen/FIN 3. B. Pettersen/NOR	1. T. Wassberg/SWE 2. A. Karvonen/FIN 3. C. Majbaeck/SWE
20 km (klassisch)	**50 km (freier Stil)**
1. M. H. Westin/SWE 2. A. Reztsowa/SOW 3. L. Ptitsyna/SOW 5. C. Brügger/SUI	1. M. de Zolt/ITA 2. T. Wassberg/SWE 3. T. Mogren/SWE 4. A. Grünenfelder/SUI

Staffel (freier Stil)

4 x 5 km	4 x 10 km
1. SOW 2. NOR 3. SWE	1. SWE 2. SOW 3. NOR

Nordische Kombination

Einzel	Mannschaft
1. T. Loekken/NOR 2. K. Lynch/USA 3. T.-A. Bredesen/NOR 4. H. Weinbuch/GER 6. K. Sulzenbacher/AUT	1. GER (H. Weinbuch, H.-P. Pohl, T. Müller) 2. NOR 3. SOW 4. AUT 5. SUI

Skispringen

Normalschanze (70 m)	Großschanze (90 m)
1. J. Parma/CSR 2. M. Nykänen/FIN 3. V. Opaas/NOR	1. A. Felder/AUT 2. V. Opaas/NOR E. Vettori/AUT 5. T. Klauser/GER

Mannschaft
1. FIN
2. NOR
3. AUT
6. GER

Deutsche Meisterschaft

21. – 25. 1. 1987
Oberstdorf

Langlauf

Damen	Herren
5 km (klassisch)	**15 km (klassisch)**
1. K. Jäger	1. J. Behle
10 km (klassisch)	**30 km (klassisch)**
1. K. Jäger	1. J. Behle
20 km (klassisch)	**50 km (freier Stil)**
1. K. Jäger (5. 4. 1987 Finsterau)	1. P. Angerer (5. 4. 1987 Finsterau)

Staffel (freier Stil)

3 x 5 km	4 x 10 km
Verbandsstaffel 1. Westdeutscher Skiverband (St. und Si. Birkelbach, K. Jäger)	**Verbandsstaffel** 1. Bayern (F. Danner, R. Anzenberger, M. Lang, S. Dotzler)
Vereinsstaffel (4. 4. 1987, Finsterau) 1. SC Monte Kaolino Hirschau (E. Baumgarten, U. Pförtsch, B. Kohlrusch)	**Vereinsstaffel** (4. 4. 1987, Finsterau) 1. SC Hochvogel München (B. Raupach, C. Maiwald, W. Müller, S. Dotzler)

Nordische Kombination

Einzel	Mannschaft
1. H.-P. Pohl	1. Bayern (H. Weinbuch, T. Müller, H. Schwarz)

Skispringen

Normalschanze (70 m)	Großschanze (90 m)
1. A. Bauer	1. D. Thoma

Mannschaft
1. Bayern (A. Bauer, T. Klauser, L. Wegscheider, J. Heumann)

Weltcup 1986/87 Endstand

Langlauf

Damen
1. M. Matikainen/FIN
2. A. Reztsowa/SOW
3. M. Dahlmo/NOR

Herren
1. T. Mogren/SWE
2. T. Wassberg/SWE
3. G. Svan/SWE

Nordische Kombination

Einzel
1. T. Loekken/NOR
2. H. Weinbuch/GER
3. H. Kempf/SUI
4. H. Schwarz/GER
5. T. Müller/GER
8. K. Sulzenbacher/AUT
10. F. Glanzmann/SUI

Nationenwertung
1. NOR
2. GER
3. SOW
4. SUI
5. AUT

Skispringen

1. V. Opaas/NOR
2. E. Vettori/AUT
3. A. Felder/AUT

Vierschanzentournee

30. 12. 1986 – 6. 1. 1987
Oberstdorf, Garmisch-Partenkirchen, Innsbruck, Bischofshofen

Endstand

1. E. Vettori/AUT
2. V. Opaas/NOR
3. U. Findeisen/DDR
4. M. Tepes/YUG
5. T. Klauser/GER
6. A. Bauer/GER

Schwimmen

Europameisterschaft

16. – 23. 8. 1987
Straßburg/FRA

Freistil

50 m

Damen	Herren
1. T. Costache/RUM 25,50 sec	1. J. Woithe/DDR 22,66 sec
3. C. Pielke/GER 25,88 sec	3. S. Volery/SUI 22,75 sec
5. M.-T. Armentero/SUI 25,95 sec	5. B. Hoffmeister/GER 22,89 sec
	7. D. Halsall/SUI 23,09 sec

100 m

Damen	Herren
1. K. Otto/DDR 55,38 sec	1. S. Lodziewski/DDR 49,79 sec
6. C. Pielke/GER 56,88 sec	7. S. Volery/SUI 50,99 sec
7. K. Seick/GER 56,93 sec	8. D. Halsall/SUI 51,65 sec

200 m

Damen	Herren
1. H. Friedrich/DDR 1:58,24 min	1. A. Holmertz/SWE 1:48,44 min
6. B. Lohberg/GER 2:02,71 min	3. M. Groß/GER 1:49,02 min
	6. T. Fahrner/GER 1:49,90 min

400 m

Damen	Herren
1. H. Friedrich/DDR 4:06,39 min	1. U. Dassler/DDR 3:48,95 min
	2. R. Henkel/GER 3:49,28 min
	3. T. Fahrner/GER 3:49,82 min

800 m (Damen)	1500 m (Herren)
1. A. Möhring/DDR 8:19,53 min	1. R. Henkel/GER 15:02,32 min
	3. S. Pfeiffer/GER 15:03,06 min

4 x 100 m

Damen	Herren
1. DDR 3:42,58 min	1. DDR 3:19,17 min
3. GER 3:46,49 min	2. GER 3:20,51 min
8. SUI 3:50,89 min	

4 x 200 m

Damen	Herren
1. DDR 7:55,47 min	1. GER 7:13,10 min (P. Sitt, R. Henkel, T. Fahrner, M. Groß)
3. GER 8:09,89 min	

Rücken

50 m

100 m

Damen	Herren
1. K. Otto/DDR 1:01,86 min	1. S. Sabolotnow/SOW 56,06 sec
2. S. Schlicht/GER 1:02,21	3. F. Hoffmeister/GER 56,71 sec

200 m

Damen	Herren
1. C. Sirch/DDR 2:10,20 min	1. S. Sabolotnow/SOW 1:59,35 min
3. S. Schlicht/GER 2:12,72 min	7. F. Hoffmeister/GER 2:03,34 min

Deutsche Meisterschaft

29. 6. – 5. 7. 1987
Sindelfingen

Freistil

50 m

Damen	Herren
1. C. Pielke 26,18 sec	1. B. Hoffmeister 23,19 sec

100 m

Damen	Herren
1. K. Seick 57,31 sec	1. T. Fahrner 51,19 sec

200 m

Damen	Herren
1. B. Schulz 2:02,52 min	1. M. Groß 1:48,51 min

400 m

Damen	Herren
1. J. Lebek 4:17,47 min	1. R. Henkel 3:49,16 min

800 m (Damen)	1500 m (Herren)
1. A. Russ 8:40,81 min	1. R. Henkel 15:06,03 min

4 x 100 m

Damen	Herren
1. SG Hamburg 3:55,49 min (B. Schulz, S. Paul, S. Schlicht, N. Tabe)	1. EOSC Offenbach 3:22,73 min (B. Knetter, M. Groß, I. Dilger, T. Fahrner)

4 x 200 m

Damen	Herren
1. Rhenania Köln 8:20,55 min (A. Russ, B. Kowalczik, T. Schwarz, J. Lebek)	1. EOSC Offenbach 7:24,96 min (M. Groß, B. Knetter, I. Dilger, T. Fahrner)

Rücken

50 m

Damen	Herren
1. M. Aizpors 30,47 sec	1. F. Hoffmeister 26,18 sec

100 m

Damen	Herren
1. S. Schlicht 1:03,00 min	1. F. Hoffmeister 57,05 sec

200 m

Damen	Herren
1. S. Schlicht 2:14,85 min	1. F. Hoffmeister 2:01,69 min

Triathlon

Weltmeisterschaft

5. 10. 1986
Nizza/FRA

Damen
1. L. Buchanan/USA

Herren
1. M. Allen/USA

9. J. Zäck/GER

Iron Man

18. 10. 1986
Hawaii/USA

Damen
1. P. Newey-Fraser/ZIM

Herren
1. D. Scott/USA

4. K. Barth/GER

Europameisterschaft über die Langdistanz

18. 7. 1987
Joroinen/FIN

Damen
1. S. Coope/GBR

Herren
1. A. Koenders/HOL

4. M. Schuler/GER
5. U. Burger/SUI

Europameisterschaft über die Mitteldistanz

20. 6. 1987
Roth/GER

Damen
1. S. Coope/GBR

Herren
1. G. Cook/GBR
3. J. Zäck/GER

Deutsche Meisterschaft

25. 7. 1987, St. Wendel:

Damen
1. M. Lövenich

Herren
1. W. Dittrich

	Europameisterschaft 16. – 23. 8. 1987 Straßburg/FRA		Deutsche Meisterschaft 29. 6. – 5. 7. 1987 Sindelfingen	
	Damen	*Herren*	*Damen*	*Herren*
Brust 50 m			1. B. Dahm 33,79 sec	1. R. Beab 28,71 sec
Brust 100 m	1. K. Otto/DDR 59,52 sec 8. S. Schuster/GER 1:02,65 min	1. A. Moorhouse/GBR 1:02,13 min 8. B. Goebel/GER 1:03,77 min	1. B. Dahm 1:12,42 min	1. B. Goebel 1:03,88 min
Brust 200 m	1. S. Hörner/DDR 2:27,49 min	1. J. Szabo/UNG 2:13,87 min 8. E. Dagon/SUI 2:18,74 min	1. B. Dahm 2:35,23 min	1. H. Wedekind 2:20,49 min
Schmetterling 50 m	–	–	1. U. Herrmann 28,22 sec	1. S. Güsgen 25,22 sec
Schmetterling 100 m	1. K. Otto/DDR 59,52 sec 8. S. Schuster/GER 1:02,65 min	1. A. Jameson/GBR 53,62 sec 2. M. Groß/GER 53,76 sec	1. S. Schuster 1:02,51 min	1. M. Groß 54,14 sec
Schmetterling 200 m	1. K. Nord/DDR 2:08,85 min	1. M. Groß/GER 1:57,59 min 5. R. Schaffgans/GER 2:01,37 min	1. B. Papenburg 2:16,95 min	1. R. Schaffgans 2:00,35 min
Lagen 200 m	1. C. Sirch/DDR 2:15,04 min 5. S. Schlicht/GER 2:17,18 min 7. B. Lohberg/GER 2:18,82 min	1. T. Darnyi/UNG 2:00,56 min 6. P. Bermel/GER 2:03,72 min	1. S. Schlicht 2:18,31 min	1. P. Bermel 2:04,35 min
Lagen 400 m	1. N. Lung/RUM 4:40,21 min 6. B. Lohberg/GER 4:53,01 min	1. T. Darnyi/UNG 4:15,42 min 6. P. Bermel/GER 4:25,11 min	1. B. Schulz 4:52,94 min	1. P. Bermel 4:25,73 min
Lagen 4 x 100 m	1. DDR 4:04,05 min 3. GER 4:10,92 min 7. SUI 4:16,00 min	1. SOW 3:41,51 min (I. Poljanski, D. Wolkow, K. Petrow, G. Prigoda)	1. SG Hamburg 4:18,96 min (S. Schlicht, J. Beilfuß, B. Schulz, N. Tabe)	1. EOSC Offenbach 3:46,49 min (S. Peter, A. Mayer, M. Groß, T. Fahrner)

Tanzen

Weltmeisterschaften

Amateure Standardtänze

28. 3. 1987
Helsinki/FIN
1. O. und M. Wessel-Therhorn/GER

Amateure Lateinamerikanische Tänze

8. 8. 1987
Southhampton/GBR
1. K. Saeborg/T. Nyhagen/NOR
2. H.-R. Galke/B. Schreiber/GER

Professionals Standardtänze

16. 4. 1987
Bournemouth/GBR
1. S. Hillier/L. Tate/GBR

Formation Standardtänze

13. 6. 1987
Oslo/NOR
1. 1. TC Ludwigsburg/GER
2. Braunschweiger TSC/GER

Formation Lateinamerikanische Tänze

13. 6. 1987
Oslo/NOR
1. TSG Bremerhaven/GER
2. TSC Velbert/GER

Rock 'n Roll Amateure

13. 12. 1986
Grenoble/FRA
1. P. Busch/S. Cicconi/SUI
2. K. und M. Klein/GER

Rock 'n Roll Professionals

15. 11. 1986
Wien/AUT
1. D. und M. Chiodoni/ITA
2. J. May/R. Ulbricht/GER
3. K. Goerz/M. Bex/GER

Tennis

World-Team-Cup

18. – 24. 5. 1987
Düsseldorf/GER
Finale
CSR – USA 2:1

Federations-Cup

27. 7. – 2. 8. 1987
Vancouver/CAN
Finale
GER – USA 2:1

Daviscup 1986

26. – 28. 12. 1986
Melbourne/AUS
Finale
AUS – SWE 3:2

Australien Open 12. – 25. 1. 1987 Melbourne

Damen Einzel	*Damen* Doppel	*Herren* Einzel	*Herren* Doppel
H. Mandlikova/CSR – M. Navratilova/USA 7:5, 7:6	M. Navratilova/ P. Shriver/USA – Z. Garrison/L. McNeil/USA 6:1, 6:0	S. Edberg/SWE – P. Cash/AUS 6:3, 6:4, 3:6, 5:7, 6:3	S. Edberg/A. Jarryd/SWE – P. Doohan/ L. Warder/AUS 6:4, 6:4, 7:6

French Open 25. 5. – 7. 6. 1987 Paris

Damen Einzel	*Damen* Doppel	*Herren* Einzel	*Herren* Doppel
S. Graf/GER – M. Navratilova/USA 6:4, 4:6, 8:6	M. Navratilova/ P. Shriver/USA – S. Graf/G. Sabatini/ GER/ARG 6:2, 6:1	I. Lendl/CSR – M. Wilander/SWE 7:5, 6:2, 3:6, 7:6	A. Jarryd/R. Seguso/ SWE/USA – G. Forget/Y. Noah/FRA 6:7, 6:7, 6:3, 6:4, 6:2

Wimbledon 22. 6. – 5. 7. 1987

Damen Einzel	*Damen* Doppel	*Herren* Einzel	*Herren* Doppel
M. Navratilova – S. Graf/GER 7:5, 6:3	C. Kohde-Kilsch/ H. Sukova/GER/CSR – B. Nagelsen/E. Smylie/ USA/AUS 7:5, 7:5	P. Cash/AUS – I. Lendl/CSR 7:6, 6:2, 7:5	K. Flach/R. Seguso/USA – S. Casal/E. Sanchez/SPA 3:6, 6:7, 7:6, 6:1, 6:4

US Open 31. 8. – 14. 9. 1987 Flushing Meadow

Damen Einzel	*Damen* Doppel	*Herren* Einzel	*Herren* Doppel
M. Navratilova/USA – S. Graf/GER 7:6, 6:1	M. Navratilova/ P. Shriver/USA – K. Jordan/E. Smylie/ USA/AUS 5:7, 6:4, 6:2	I. Lendl/CSR – M. Wilander/SWE 6:7, 6:0, 7:6, 6:4	S. Edberg/A. Jarryd SWE – K. Flach/R. Seguso USA 7:6, 6:2, 4:6, 5:7, 7:6

Trampolin

Weltmeisterschaft

16. – 18. 10. 1986
Paris/FRA

Damen

Einzel

1. T. Lushina/SOW

5. H. Roewe/GER

Synchron

1. J. Mirkulowa/T. Lushina SOW
3. H. Roewe/B. Spang GER

Mannschaft

1. SOW
3. GER

Herren

Einzel

1. L. Pioline/FRA
2. M. Kuhn/GER
3. R. Pelle/GER

Synchron

1. W. Krasnoschapka/ I. Bogatschew SOW

5. R. Pelle/M. Kuhn GER

Mannschaft

1. GER (K.-H. Hüninghage, J. Röh, M. Kuhn, R. Pelle)

Deutsche Meisterschaft

3. 6. 1987
Berlin

Einzel

Damen

1. H. Roewe

Herren

1. R. Pelle

9. 5. 1987
Essen

Synchron-Trampolinspringen

Damen

1. H. Roewe/B. Spang

Herren

1. R. Pelle/M. Kuhn

Tischtennis

Weltmeisterschaft

18. 2. – 1. 3. 1987, Neu Dehli/IND

	Damen	*Herren*
Einzel	1. He Zhili/CHN	1. Jiang Jialiang/CHN
Doppel	1. Hyun Jung Hwa/ Yang Young Ja/KOR	1. Chen Longcan/ Wei Quing Guang/CHN
Mannschaft	1. CHN	1. CHN 7. GER

Mixed: 1. Hui Jun/Geng Li Juan/CHN

Europapokal

Damen

26. 4. 1987 Hazerswoude/HOL

Dextro Avanti Hazerswoude/HOL – Spartak BS Vlasim/CSR 5:3

Herren

25. 4. 1987 Grenzau/GER

TTC Zugbrücke Grenzau/GER – ATSV Saarbrücken/GER 5:3

Bundesliga 1986/87

Damen

1. FTG Frankfurt

Herren

Finale: 31. 5. 1987
Hagen

TTC Zugbrücke Grenzau – Borussia Dortmund 9:4

DTTB-Pokal

Herren

20. 12. 1986
Bayreuth

TTC Zugbrücke Grenzau – BG Bayreuth 5:1

Turnen

Europameisterschaften 19. – 24. 5. 1987 Moskau/SOW		Deutsche Meisterschaften 1. – 4. 6. 1987 Berlin	
Damen **Kür-Vierkampf**	*Herren* **Kür-Sechskampf**	*Damen* **Achtkampf**	*Herren* **Zwölfkampf**
1. D. Silivas/RUM 2. A. Prjachina/SOW 3. E. Schuschunowa/SOW D. Dudewa/BUL	1. W. Ljukin/SOW 2. J. Koroljew/SOW 3. G. Guczoghy/UNG 8. A. Aguilar/GER	1. A. Wilhelm	1. A. Aguilar
Sprung		**Sprung**	
1. E. Schuschunowa/SOW 2. D. Silivas/RUM 3. E. Golea/RUM	1. J. Koroljew/SOW 2. S. Kroll/DDR 3. W. Ljukin/SOW H. Behrendt/DDR	1. C. Wetzel	1. J. Brümmer
Boden		**Boden**	
1. D. Silivas/RUM 2. K. Voinea/RUM 3. A. Prjachina/SOW	1. W. Ljukin/SOW 2. J. Koroljew/SOW 3. G. Guczoghy/UNG	1. K. Gerhard	1. J. Brümmer
Stufenbarren	**Barren**	**Stufenbarren**	**Barren**
1. D. Silivas/RUM 2. D. Dudewa/BUL 3. D. Tümmler/DDR	1. W. Ljukin/SOW 2. H. Behrendt/DDR 3. M. Belle/DDR 6. A. Aguilar/GER 8. S. Zellweger/SUI	1. D. Derboven	1. B. Simmelbauer
Schwebebalken	**Seitpferd**	**Schwebebalken**	**Seitpferd**
1. D. Silivas/RUM 2. E. Golea/RUM 3. A. Wilhelm/GER	1. W. Ljukin/SOW 2. L. Geraskov/BUL 3. M. Rizan/RUM	1. A. Wilhelm	1. M. Wittner
	Ringe		**Ringe**
	1. W. Mogilni/SOW 2. W. Ljukin/SOW 3. A. Aguilar/GER 5. S. Zellweger/SUI		1. J. Brümmer
	Reck		**Reck**
	1. W. Ljukin/SOW 2. S. Kroll/DDR 3. G. Guczoghy/UNG		1. R. Kern

Volleyball

Deutsche Meisterschaft (Bundesliga 1986/87)

Damen
(nach Finalrunde)
1. Bayern Lohhof
2. SG/JDZ Feuerbach
3. USC Münster

Herren
(nach Play-off-Runde)
1. Hamburger SV
2. Fortuna Bonn
3. ASV Dachau

Deutscher Pokal

Damen
8. 3. 1987
Münster
SG/JDZ Feuerbach – USC Münster 3 : 2

Herren
15. 2. 1987
Bonn
Fortuna Bonn – ASV Dachau 3 : 0

Weltmeisterschaft

Damen
2. – 13. 9. 1986
CSR
1. CHN
2. CUB
3. PER

Weltmeisterschaft

Herren
24. 9. – 5. 10. 1986
FRA
1. USA
2. SOW
3. BUL

Wasserball

Europameisterschaft

16. – 23. 8. 1987
Straßburg/FRA
Damen: 1. HOL; 4. GER
Herren: 1. SOW; 4. GER

Europapokal der Landesmeister 1986

Wasserfreunde Spandau 04/GER – Dynamo Moskau/SOW 10 : 5 in Berlin und 7 : 8 in Moskau

Europapokal der Pokalsieger 1986

Mornar Split/YUG – CN Catlunya Barcelona/SPA 4 : 4 in Barcelona und 7 : 5 in Split

Supercup

7. 12. 1986
Zürich/SUI
Wasserfreunde Spandau 04/GER – Mornar Split/YUG 10 : 8

Bundesliga 1987

1. Wasserfreunde Spandau 04
2. Duisburger SV 98

Im Falken-Verlag sind viele Sportbücher erschienen. Fragen Sie Ihren Buchhändler.

CIP-Kurztitelaufnahme der Deutschen Bibliothek

Zweites Deutsches Fernsehen (Mainz):
ZDF-Sportjahr . . . : Rekorde, Siege, Schicksale, Ergebnisse, Termine . . . – Niedernhausen/Ts.: Falken-Verlag
(Falken-Sachbuch)
Erscheint jährl. – Aufnahme nach 1987
1987 –
NE: Sportjahr; HST

ISBN 3 8068 4290 6

© 1987 by Falken-Verlag GmbH,
6272 Niedernhausen/Ts.

Bildquellenverzeichnis:
Titelfotos: Bongarts Sportpressefoto, Hamburg: o. l., u. l. GES Pressefoto, Karlsruhe: M. l. Paul Zimmer, Stuttgart: u. r. ZDF, Mainz: o. r. Emblem: ZDF (Initiative gegen Kinderkrebs der deutschen Krebshilfe, Bonn)
Rückseite: Horst Müller Pressebilderdienst, München: l. Presse-Foto-Baumann, Ludwigsburg: r.
Innenteil:
ALL-SPORT, London: S. 60 o. (Bob Martin), S. 60 u. (Tony Duffy), S. 156/157 (Mike Powel), S. 157 (Mike Powel)
ATP/Arthur Thill Productions, München: S. 3 o. r., S. 104, S. 105 o.,
Audi AG, Ingolstadt: S. 2 M. r., S. 107 o.,
Presse-Foto-Baumann, Ludwigsburg: S. 15, S. 19 M., S. 24 o. l., S. 24 o. r., S. 24 M. r., S. 45 r., S. 74/75, S. 80/81 (gr. Foto), S. 82, S. 102 o., S. 103 o.
Sportpressefoto Bongarts, Hamburg: S. 2 M. l., S. 2 u. r., S. 3 M. l., S. 3 M. o., S. 10 l., S. 12, S. 14 o. l., S. 14 M. r. (kl. Foto), S. 16 u., S. 21 o., S. 24 u., S. 26 o., S. 26 u., S. 31 u., S. 35 o., S. 42/43, S. 44, S. 46/47, S. 50 o., S. 50 u., S. 54 o. l., S. 54 o. M., S. 54 o. r., S. 55 o. l., S. 55 o. M., S. 55 o. r., S. 56 l., S. 57, S. 58 o. l., S. 58 M. r., S. 62 o., S. 63, S. 66, S. 67 o., S. 67 u. l., S. 67 u. r., S. 71 l., S. 71 r., S. 81 o., S. 81 M., S. 87 o., S. 87 u., S. 90/91, S. 92 u. l., S. 93 o., S. 93 u., S. 95 u., S. 98 o., S. 105 u. (Maja Moritz), S. 120 u., S. 121 o. l., S. 126 o., S. 126 u., S. 128, S. 129 o., S. 129 r., S. 129 l., S. 130 l., S. 130 r., S. 131 o., S. 136 u., S. 146/147, S. 146 u., S. 151 M., S. 155 o.
dpa, Frankfurt: S. 4/5, S. 52 u., S.62 u. (Agence France), S. 84 o. (dpa), S. 141 kl. Foto (Agence France)
Fiat Automobil AG (Leonhardt und Kern Werbung GmbH), Heilbronn: S. 106
Albrecht Gaebele, Untersteinbach: S. 78 M., S. 87 M.
GES Pressefoto, Karlsruhe: S. 1, S. 2 o. l., S. 3 u.r., S. 16 o., S. 16 M., S. 28 u., S. 30 u., S. 48, S. 53, S. 58 M. l., S. 58 u. r., S. 58 u. l., S. 59 o. l., S. 59 o. r., S. 68 o., S. 68 M., S. 68 u., S. 85, S. 127
M. Gstettenbauer, Düsseldorf: S. 150 u.
Ferdi Hartung Foto Agentur, Saarbrücken: S. 17 o. r.
Horst Müller Pressebilderdienst, Düsseldorf: S. 3 o. l., S. 13 r., S. 19 u., S. 20 u., S. 34 M. r., S. 37, S. 78 u., S. 95 o., S. 121 u. r., S. 152/153 o., S. 152 u., S. 153 u.
Keller & Reiss, Zürich: S. 27 M. r. (Kurt Schorrer), S. 79 r. (Giorgio Keller)
Ferdi Kräling Motorsport-Bild-Agentur, Winterberg: S. 107 u.
Erik von Krause, Norderstedt: S. 140/141
Rainer Martini, Landsberg: S. 76 o., S. 77 u., S. 79 l.
Sammy Minkoff, München: S. 77 o.
Foto Müller / entnommen aus: „Die Fechtlegende von Tauberbischofsheim", Seite 21: S. 121 o. r.
Lazi Perényi, Düsseldorf: S. 2 M. o., S. 2 o. r., S. 8/9, S. 10 r., S. 11, S. 14 u., S. 22 o., S. 22 u., S. 27 o. r., S. 29 o., S. 29 u., S. 40, S. 41, S. 49 u., S. 51, S. 52 o., S. 54 u., S. 55 u., S. 56 r., S. 58 o. r., S. 59 M. r., S. 59 u. l., S. 59 u. r., S. 78 o., S. 94, S. 96/97, S. 97 o., S. 98 u., S. 99, S. 110/111, S. 112, S. 113 o., S. 113 u., S. 114 l., S. 118, S. 119, S. 120 o. r., S. 120 o. l., S. 150 o., S. 151 o., S. 151 u. r., S. 160 o., S. 160 u., S. 161 o., S. 161 u.
H.A. Roth, Pulheim: S. 134/135, S. 136 o., S. 137, S. 138, S. 139
Motorrad Publizistik Gerhard Rudolph, Ingelheim: S. 102 u.
RZ – Pressefoto: S. 7 (N. Rzepka)
Schmitt/Stern: S. 17 l. u.
Sportphoto Schreyer, Nürnberg: S. 131 u. l., S. 131 u. r., S. 132, S. 133 o., S. 133 u.
Sven Simon Fotoagentur GmbH/Pressefoto KG, Essen: S. 2 u. l., S. 3 u. l., S. 17 o. M., S. 19 o., S. 21 u., S. 24 M. l., S. 25, S. 27 o. l., S. 27 M. l., S. 27 u., S. 28 o., S. 28 M., S. 61, S. 64 o., S. 64 u., S. 65, S. 69 o., S. 69 u., S. 72 o., S. 72 u., S. 73 o., S. 73 u., S. 81 u. r., S. 83, S. 84 u., S. 86/87, S. 88, S. 89 o., S. 89 M., S. 89 u., S. 92 o., S. 92 u. r., S. 97 M. l., S. 97 M. r., S.97 u., S. 100/101, S. 121 u. l., S. 148/149, S. 154/155, S 158
Gerhard Uhl, Langgöns: S. 34 o., S. 34 u.
Werek, Pressebildagentur, München: S. 9 (kl. Foto), S. 13 l., S. 14 r. o., S. 17 u. M., S. 18 o., S. 18 u. l., S. 18 u. M., S. 18 u. r., S. 20 o., S. 22 (gr. Foto), S. 23, S. 30 o., S. 31 o., S. 32/33, S. 34 M. l., S. 35 u., S. 36 o., S. 36 u., S. 45 l., S. 49 o., S. 70 o. l., S. 70 o. r., S. 70 u., S. 76 u. (4), S. 103 r., S. 114/115, S. 116/117, S. 155 u.
Darell Wong, Hawaii: S. 144/145, S. 144 kl. Foto
ZDF – Bildarchiv, Mainz: S. 6
Thomas Zimmermann, Köln: S. 38/39, S. 103 u., S. 108 o., S. 108 u., S. 109 o., S. 109 u., S. 122/123, S. 124, S. 125, S. 142/ 143, S. 143 o.
Dokumentation: ZDF, Archiv-Bibliothek-Dokumentation, ABD/Bild und Sportpresse,
Doris Wippersteg, Jürgen Blaschke

Die Ratschläge und Informationen in diesem Buch sind von Autor und Verlag sorgfältig erwogen und geprüft, dennoch kann eine Garantie nicht übernommen werden. Eine Haftung des Autors bzw. des Verlages und seiner Beauftragten für Personen-, Sach- und Vermögensschäden ist ausgeschlossen.

Satz: LibroSatz, 6239 Kriftel bei Frankfurt
Druck: Appl, Wemding

817 2635 4453 6271